世界武器鉴赏系列

全球导弹

鉴　赏（珍藏版）

U0274999

《深度军事》编委会　编著

清华大学出版社
北京

内 容 简 介

　　本书精心选取了海外各国近百种导弹，类型包括空对空导弹、空对地导弹、地对地导弹、防空导弹、反舰导弹以及单兵便携式导弹等不同种类的导弹。为了增强阅读趣味性，并帮助读者更深刻地了解各类导弹的特性，本书将每种导弹的介绍都特意分为研发历史、弹体构造、性能解析、服役记录、衍生型号和 10 秒速识等多个板块，并详细罗列了各项参数。

　　本书内容结构严谨、分析讲解透彻，而且图片精美丰富，既适合广大军事爱好者阅读和收藏，也可以作为青少年的科普读物。

本书封面贴有清华大学出版社防伪标签，无标签者不得销售。

版权所有，侵权必究。举报：010-62782989，beiqinquan@tup.tsinghua.edu.cn。

图书在版编目 (CIP) 数据

　　全球导弹鉴赏：珍藏版 /《深度军事》编委会编著 . —北京：清华大学出版社，2022.5（2024.11重印）

　　（世界武器鉴赏系列）

　　ISBN 978-7-302-60577-5

　　Ⅰ . ①全… Ⅱ . ①深… Ⅲ . ①导弹—介绍—世界 Ⅳ . ① E927

　　中国版本图书馆 CIP 数据核字 (2022) 第 065442 号

责任编辑：李玉萍
封面设计：王晓武
责任校对：张彦彬
责任印制：沈　露
出版发行：清华大学出版社
　　　网　　　址：https://www.tup.com.cn，https://www.wqxuetang.com
　　　地　　　址：北京清华大学学研大厦 A 座　　　　邮　　编：100084
　　　社 总 机：010-83470000　　　　邮　　购：010-62786544
　　　投稿与读者服务：010-62776969，c-service@tup.tsinghua.edu.cn
　　　质 量 反 馈：010-62772015，zhiliang@tup.tsinghua.edu.cn
印 装 者：小森印刷（北京）有限公司
经　　销：全国新华书店
开　　本：146mm×210mm　　印　　张：11.75　　字　　数：376 千字
版　　次：2022 年 7 月第 1 版　　印　　次：2024 年 11 月第 4 次印刷
定　　价：69.80 元

产品编号：094068-01

丛书序

FOREWORD

　　国无防不立，民无防不安。一个国家、一个民族，最重要的两件大事就是发展和安全。国防是人类社会发展与安全需要的产物，是关系到国家和民族生死存亡的根本大计。军事图书作为学习军事知识、了解世界各国军事实力的绝佳途径，对提高国民的国防观念、加强青少年的军事素养有着重要意义。

　　与其他军事强国相比，我国的军事图书在写作和制作水平上还存在许多不足。以全球权威军事刊物《简氏防务周刊》（英国）为例，其信息分析在西方媒体和政府中一直被视为权威，其数据库广泛被各国政府和情报机构购买。而由于种种原因，我国的军事图书在专业性、全面性和影响力等方面都存在明显不足。

　　为了给军事爱好者提供一套全面而又专业的武器参考资料，并为广大青少年提供一套有趣、易懂的军事入门级读物，我们精心推出了"世界武器鉴赏系列"图书，内容涵盖现代飞机、现代战机、早期战机、现代舰船、单兵武器、特战装备、世界名枪、世界手枪、美国海军武器、二战尖端武器、坦克与装甲车等。

　　本系列图书由国内资深军事研究团队编写，力求内容的全面性、专业性和趣味性。我们在吸收国外同类图书优点的同时，还运用了一些独特的表现手法，力图做到化繁为简、图文并茂，以符合国内读者的阅读习惯。

  本系列图书内容丰富、结构合理，在引导读者熟悉武器历史的同时，还可以提纲挈领般地了解各种武器的作战性能。在武器的相关参数上，我们参考了武器制造商官方网站的公开数据，以及国外的权威军事文档，力求做到有理有据。每本图书都有大量的精美图片，配合别出心裁的排版方式，具备较高的欣赏和收藏价值。

前言

PREFACE

二战后期，德国首先发明了 V-1 和 V-2 导弹并用于实战，从欧洲西海岸隔海轰炸英国。从此以后，导弹受到世界各国的普遍重视。20 世纪 70 年代中期以后，导弹进入了全面发展更新阶段，导弹家族不断壮大，种类越来越多。

导弹的使用，使战争的突发性和破坏性显著增大，规模和范围也急剧扩大，进程进一步加快，从而改变了过去常规战争的时空观念，对现代战争的战略战术带来巨大而深远的影响。它的发展既依赖于科学与工业技术的进步，同时又推动着科学技术的发展，因而导弹技术水平成为衡量一个国家军事实力的重要标志之一。导弹武器是现代高科技的结晶和化身，由于具有不同于一般进攻性武器的突出特点，使其成为信息化战争的主战装备、实现精确作战的必备武器、各类武器平台作战能力的提升器、现代作战防御系统的主要拦截器等。

本书对冷战以来世界各国制造的百余款经典军用导弹进行了全面介绍，包括空对空导弹、空对地导弹、地对地导弹、防空导弹、反舰导弹和单兵便携式导弹等多个类别。每种导弹的研发历史和实用性能均有介绍，并详细罗列了各项基本参数。

本书紧扣军事专业知识，不仅引导读者熟悉武器历史，而且可以了解武器的作战性能，特别适合作为广大军事爱好者的参考资料和青少年朋友的入门读物。全书共分为7章，涉及内容全面合理，并配有丰富而精美的图片。

　　本书是真正面向军事爱好者的基础图书。全书由资深军事团队编写，力求内容的全面性、趣味性和观赏性。全书内容丰富、结构合理，关于武器的相关参数还参考了制造商官方网站的公开数据，以及国外的权威军事文档。

　　本书由《深度军事》编委会创作，参与本书编写的人员有杨淼淼、阳晓瑜、陈利华、高丽秋、龚川、何海涛、贺强、胡姝婷、黄启华、黎安芝、黎琪、黎绍文、卢刚、罗于华等。对于广大资深军事爱好者以及有意掌握国防军事知识的青少年，本书不失为最有价值的科普读物。希望读者能够通过阅读本书循序渐进地提高自己的军事素养。

　　本书赠送的阅读资源均以二维码形式提供，读者可以使用手机扫描下面的二维码下载并观看。

目 录
CONTENTS

Chapter 07　单兵便携式导弹......................... 281

Chapter 01
导弹漫谈

　　导弹是20世纪40年代开始出现的武器，是现代高科技的结晶和化身。导弹具有威力大、射程远、精度高、突防能力强等显著特点，这些特点使导弹成为具有超强进攻性和强大威慑力的武器。

导弹的发展历程

　　二战后期，德国首先发明了Ｖ－１和Ｖ－２导弹，Ｖ－１是一种亚音速无人驾驶武器；Ｖ－２是一种液体导弹，由于可靠性差及弹着点的散布面太大，只能起到骚扰作用，作战效果不大。但Ｖ－２导弹对以后导弹技术的发展起了重要的奠基作用。

V-2 导弹

　　20世纪40年代后期，美国和苏联分别使用德国的器材装配了一批Ｖ－２导弹做试验，旨在提高其射程与制导精度。英、法两国也分别于1948年和1949年重新开始导弹的研究工作。从50年代开始出现了采用大推力发动机、多级火箭推送的中程与远程液体导弹，但这种导弹因为存在地面设备复杂、发射准备时间长、生存能力低等问题，使其不能成为一种有效的作战武器。60年代初到70年代中期，由于科学技术的进步和现代战争的需要，导弹进入了改进性能、提高质量的全面发展时期。美国首先于1970年在"民兵"Ⅲ型导弹上实现了带3个弹头的目标，随后美、苏在新研制的远程导弹上也采用了这项先进技术。随着进攻性导弹精度的提高和侦察能力的完善，从固定基地发射的导弹越来越难以保证自身的安全。采用加固的办法可以在一定程度上解决生存能力低的问题，随后又发明了机动发射方式。大型多弹头导弹比较笨重，陆地机动发射会遇到许多困难。一些国家转而研制便于机动发射的小型单弹头洲际导弹。80 年代之后，导弹已成为衡量一个国家军事实力强弱的重要标志之一。

"民兵"Ⅲ型导弹

　　现代导弹武器呈现出远中近程兼备、固体液体型号俱全、核导弹常规导弹并存的格局。

MGM-140 导弹发射瞬间

 导弹的分类

空对空导弹

　　空对空导弹是空中战场的主要武器之一，一般通过战机发射攻击空中目标。二战后期，世界上开始出现第一种空对空导弹，它是由德国研制的 X-4 导弹，它能够由飞机发射，采用无线电指令制导方式，自动导引，并采用固体火箭发动机等。这些特点是空对空导弹的典型特征，在当时属于真正的高科技产物，但由于技术还不成熟，此时的空对空导弹还无法进入实战。

F-22 战斗机发射 AIM-120 空对空导弹

　　20 世纪 40 年代中期至 50 年代中期，空对空导弹只能对机动性比较差的亚音速轰炸机实施追尾攻击，到了 60 年代中期，超音速轰炸机的出现和电子技术的发展，促使空对空导弹的射程、横向过载、适用的高度和速度都有很大提高，具备了一定的拦射和全天候作战的能力。直到 90 年代，空对空导弹在远距全方向、全高度、全天候拦射和近距格斗性能方面才得到很大发展。在美国和利比亚、叙利亚和以色列、英国和阿根廷等国家发生的局部战争空战中，都使用了近距格斗导弹，取得了明显的效果，大大提高了空对空导弹在空战中的地位。

　　空对空导弹主要由制导装置、战斗部、动力装置和弹翼等部分组成。制导装置用以控制导弹跟踪目标，常用的有红外寻的、雷达寻的和复合制导等类型。战斗部用来直接毁伤目标，多数装有高能常规炸药，也有的使用核装药。其引信多为红外、无线电和激光等类型的近炸引信，多数导弹同时还安装有触发引信。动力装置用来产生推力，推动导弹飞行。空对空导弹多采用固体火箭发动机。弹翼用以产生升力，并保证导弹飞行的稳定性。

F-14 战斗机发射 AIM-54 空对空导弹

空对地导弹

　　空对地导弹是航空兵进行空中突击的主要武器之一，具有较高的目标毁伤概率，机动性强，隐蔽性好，能从敌方防空武器射程之外发射，可减少地面防空火力对载机的威胁。

　　二战期间，德国首先使用飞机发射 V-1 导弹，从而使其成为现代空对地导弹的先驱。战后各国积极研制并装备的空对地导弹已经历三代，且种类繁多、用途各异。20 世纪 50 年代后，空对地导弹迅速发展，在此后的多次局部战争中，空对地导弹都取得显著战绩。实践证明，空对地导弹在与其他攻击武器配合使用时，能快速提高突击效果。

保存至今的 V-1 导弹

空对地导弹主要由弹体、制导装置、动力装置、战斗部等组成。弹体的气动布局通常为常规式或鸭式。制导装置用来控制导弹按确定的导引规律飞向目标，其构成随制导方式而定。动力装置用来产生推力推动导弹飞行，有固体火箭发动机、涡轮喷气发动机、涡轮风扇发动机等。战斗部用来摧毁目标，有常规装药与核装药。未来空对地导弹将主要朝着增大射程和速度，进一步提高抗干扰，全天候突防和攻击多目标的能力以及一弹多用的方向发展。

F-16 战斗机发射 AGM-154 空对地导弹

地对地导弹

地对地导弹是导弹家族的一个重要组成部分，具有射程远、威力大、

精度高等特点，主要从陆地发射以攻击陆地目标。德国在二战末期使用的
V-1 导弹和 V-2 导弹是最早的地对地导弹，战后美国和苏联等国在此基础
上，研制出各种地对地战术导弹，以及中程、远程和洲际地对地战略导弹。
到目前为止，世界上已有 30 多个国家装备了地对地导弹，其中第三世界国
家中就有 20 多个国家部署了地对地导弹，有十几个国家拥有研制、生产地
对地导弹或导弹部件的能力。

　　地对地导弹由弹头、弹体或战斗部、动力组织和制导系统等组成，与
导弹地面指挥控制、探测跟踪、发射系统等构成地对地导弹武器系统，发
射方式有地面和地下、固定和机动、垂直和倾斜、热发射或冷发射等。

　　在各国现役的地对地导弹中，除美国新装备的"陆军战术导弹"采用
子弹药制导的集束式子母弹头有较好的突防能力外，其他导弹都不具备这
种突防能力，所以提高突防能力将是今后改进或发展地对地导弹的重要趋
势。除此之外，机动、隐蔽的发射方式也是现在和将来战场上提高地对地
导弹生存能力的最佳方案。

防空导弹

　　防空导弹是指由地面、舰船或者潜艇发射，用以拦截空中目标的导弹。
通过二战期间的实战检验，各国意识到携带原子弹的轰炸机其威胁远超使
用传统炸弹的轰炸机，除了研发速度更快的拦截机以外，防空导弹也成为
许多国家取代高射炮的对空武器。这种发展趋势不仅影响到地面防空需求，
也逐渐延伸到水面舰艇的防空作战上。从 20 世纪 40 年代初德国开始研究
防空导弹至今已近 80 年，世界上的防空导弹已研制到了第四代，但有的国
家仍然继续对新型防空导弹进行研发。

　　由于大多数空中目标速度高、机动性强，因此防空导弹绝大多数为轴
对称布局的有翼导弹。动力装置多采用固体火箭发动机，也可以采用液体
火箭发动机、冲压式空气喷气发动机和火箭冲压发动机。

反舰导弹

　　反舰导弹是指从舰艇、岸上或飞机上发射，攻击水面舰艇的导弹，多
次用于现代战争，在现代海战中发挥了重要作用。

世界上最早的反舰导弹是德国于二战末期研制的 Hs-292 反舰导弹，在 1944 年末投入实战并击沉多艘盟军运输船。现代以主动雷达导引设计的反舰导弹第一次成功使用是 1967 年由埃及发射苏联制造的"冥河"导弹，击沉以色列的驱逐舰"艾略特"号。后来以色列吸取了这次战役的惨痛教训，开发了"毒蜂"级导弹快艇和其搭载的"天使"导弹。

反舰导弹主要由弹头段、导引段、推进段组成。弹头段也称战斗部，是提供破坏力的主要来源。一般来讲，虽然弹头重量越高的导弹破坏力越大，但也会严重限制可以发射的载具大小。导引段是协助导弹追踪目标和进行控制的部分，根据制导方式的不同，导弹也具有不同的弹道，常见的导引方式包括乘波导引、主动雷达导引与红外线导引等。推进段提供导弹飞行的动力与改变航向和姿态的能力，常见的推进方式分为火箭发动机和涡轮发动机两种。北约国家生产的反舰导弹一般采用涡轮发动机。

单兵便携式导弹

单兵便携式导弹是一种具有体积小、重量轻、射程近等特点的轻型导弹，主要配备于作战地域前沿或重要设施的防空区域，主要打击对象是低空、超低空飞行的战机及装甲武器。

单兵便携式导弹的制导方式一般比较简单，因弹体太小，无法配备雷达和微处理机等复杂的制导设备，故多采用光学、红外和复合制导等方式。发射方式主要为肩扛与依托发射两种。肩扛式发射就是发射者呈站立姿态，发射仰角选在 15°~65°，将发射器置于肩上，用单目瞄准镜进行瞄准、像发射反坦克火箭筒那样扣动扳机便可。依托式发射方式是指发射装置装在三脚支架上、车辆上、舰船上或任何固定及移动的平台上进行发射。

导弹制导系统组成

导弹制导系统按功能可分三个部分，即测量装置、计算装置和执行装置。测量装置和计算装置两个部分可安装在导弹上，也可安装在地面或其他载体上；而执行装置必须安装在导弹上。

导弹维护员正在检查洲际弹道导弹的制导系统

测量装置

测量装置用以测量导弹和目标的相对位置或速度（包括角度、角速度等）。攻击活动目标时，通常用雷达或可见光、红外、激光探测器测量；攻击地面固定目标时，用加速度表、陀螺仪等组成惯性测量装置。

计算装置

计算装置用以将测量装置所测得的导弹和目标的位置及速度，按选定的导引规律加以计算处理，形成制导指令信号。

R-77 导弹雷达导引头

执行装置

　　执行装置用以放大制导指令信号，并通过伺服机构驱动导弹舵面偏转或调整发动机推力方向，使导弹按制导指令的要求飞行，同时稳定导弹飞行姿态，消除外界对导弹飞行的影响。

导弹制导系统分类

　　导弹制导系统是测量和计算导弹对目标或空间基准线的相对位置，以预定的导引规律控制导弹飞达目标的系统。按制导方式可分为自主式制导系统、寻的制导系统、遥控制导系统和复合制导系统。

自主式制导系统

　　自主式制导系统在制导过程中不需要提供目标的直接信息，也不需要导弹以外的设备配合，能自行操纵导弹飞向目标。主要用在攻击地面固定目标的导弹上。目前，自主式制导系统多为惯性制导。惯性制导的优点是不需要任何外界信息，就能自动地根据飞行时间、引力场的变化和导弹的初始状态，确定导弹瞬时的运动参数，因而不易受外界干扰。随着制导技术的发展，有的还采用天文或地形地图匹配的方式来提高制导精度。大部分地对地导弹采用的是自主式制导系统。

早期的惯性制导系统

寻的制导系统

　　寻的制导测量装置安装在导弹上，通常称导引头。其能感受目标辐射或反射的无线电、热和光辐射波。根据测量到的目标和导弹的相对位置、速度等参数，在导弹上形成制导指令，操纵导弹飞向目标。其特点是制导精度较高，但制导距离不能太远。

遥控制导系统

　　遥控制导系统由导弹外的指挥站测定导弹和目标的相对位置，并给导弹发出制导指令，通过导弹上控制装置操纵导弹飞向目标。遥控制导

主动雷达制导导弹导引头

主要用于反坦克导弹、空对地导弹、防空导弹、空对空导弹和反弹道导弹。

复合制导系统

　　导弹从发射到命中目标，一般可分为初始段、中间段、末段 3 个飞行阶段。导弹在飞行过程中，同一阶段或不同阶段采用两种以上制导方式的，称为复合制导，其特点是根据战术和技术的要求来选择组合的内容。它可以分为三种，即串行、并行以及串 – 并相结合。串行制导一般制导初段采用惯性制导，中段采用遥控指令式，末段采用寻的制导。并行制导可以是无线电与光学两种手段同时进行的光电复合式制导。复合制导系统，具有增大制导距离、提高制导精度、抗干扰以及抗隐身特性。

导弹姿态控制系统组成

导弹姿态控制系统是导弹上自动稳定和控制导弹绕质心运动的整套装置。它的作用首先是在各种干扰条件下，保证导弹飞行姿态角的偏差稳定在允许的范围内。其次是根据制导指令控制导弹的飞行姿态角，以改变导弹的运动方向，修正飞行路线，从而保证导弹准确命中目标。导弹姿态控制系统由敏感装置、变换放大装置和执行机构3部分组成。

敏感装置

敏感装置用于测量导弹的姿态变化并输出信号，通常采用位置陀螺仪、惯性平台和速率陀螺仪等惯性器件。位置陀螺仪利用二自由度陀螺仪的稳定性可以提供导弹姿态角测量基准，通过角度传感器输出与导弹姿态角偏差成比例的电信号，惯性平台可为导弹提供测量坐标基准，利用弹体相对于惯性平台框架间的转动来产生姿态角信号。速率陀螺仪可利用单自由度陀螺仪的进动性测量导弹的姿态角速率，经换算给出导弹姿态角变化信号。有些导弹还采用加速度计等作为敏感装置，以实现弹体载荷和质心偏移的最小控制。

变换放大装置

变换放大装置用于对各姿态信号和制导指令信号按一定控制规律进行运算、校正和放大并输出控制信号。姿态控制系统按传递的信号形式可分为模拟式和数字式。在模拟式姿态控制系统中，所传递的信号是连续变化的物理量，主要由校正网络和放大器等组成。在数字式姿态控制系统中，所有信号都被转化为数字量。变换放大装置通常由导弹上的计算机兼顾，其变换放大装置又称为控制计算装置。

执行机构

执行机构又称伺服机构，有电动、气动和液压等类型。执行机构用于将电信号转变成机械动作，其工作过程是根据控制信号驱动舵面或摆动发动机，产生使弹体绕质心运动的控制力矩，以稳定或控制导弹的飞行轨迹。

产生控制力矩的方式有舵面气动控制和推力向量控制两类。舵面气动控制方式是由伺服机构（或舵机）驱动空气舵产生气动控制力矩，它能有效地稳定和控制导弹在大气层内飞行；推力向量控制方式是由伺服机构改变推力向量产生控制力矩，它有燃气舵、液体（或气体）二次喷射、摆动发动机、摆动喷管或姿态控制发动机等控制方式。

导弹的作战任务

由于导弹武器是现代高科技的结晶和化身，具有不同于一般进攻性武器的突出特点。尤其是其威力大、射程远、精度高、突防能力强的显著特性，使其成为具有超强进攻性和强大威慑力的武器，成为维持战略平衡的支柱、信息化战争的主战装备、实现精确作战的必备武器、各类武器平台作战能力的提升器、现代作战防御系统的主要拦截器。

俄罗斯用装甲列车机动发射的弹道导弹

安装在战机武器舱中的 AIM-120 中程空对空导弹

 导弹未来的发展趋势

　　由于世界各国政治和军事目的不同、作战使命不同、导弹武器发展基础不同，因此各国导弹武器发展的技术取向也呈现多元化趋势。导弹未来发展方向大概可分为协同化、体系化、一体化和小型化等。

▶ 协同化

　　协同化是指导弹武器以导弹群或导弹族的方式，实现协同作战的特性，也就是导弹武器装备适应分布式作战的要求。导弹通过与己方外部传感器、作战指挥平台的协同，可以丰富目标信息来源并提升装备的探测远界；通过与己方导弹协同，可以从不同方向不同层次攻击目标，提高对目标打击的成功概率。

▶ 体系化

　　体系化是指导弹武器系统灵活嵌入作战体系的特性，以及基于导弹平台构建打击体系的特性，也就是依靠导弹的体系能力弥补作战体系中预警、探测、指挥和控制能力的不足。导弹体系化有两种类型：一类是基于导弹平台构建打击体系；另一类是导弹嵌入体系。

▌▌▌▷ 一体化

一体化是指弹上设备一体化、发射装置一体化、导弹与系统一体化等特性，也就是导弹适应于模块化、系列化发展，适应于装载不同的发射平台、执行不同的作战使命。导弹一体化可提高导弹的使用维护性，根据实际作战需求，灵活、有针对性地现场选取模块、组装导弹，实现特定作战目的。

导弹特定发射系统

▌▌▌▷ 小型化

小型化是指导弹武器适应内埋化、无人化作战平台和高密度装填的特性，也就是导弹的灵巧性能力。小型无人机集群作战正成为未来一种重要的作战模式，导弹小型化必将成为未来重要发展趋势之一。

MQ-1 无人机携带 AGM-114 "地狱火" 导弹

Chapter 02

空对空导弹

　　空对空导弹作为当前和未来空战的主要武器，对夺取制空权有着不可替代的作用。空对空导弹主要从飞行器上发射攻击空中目标，一般作为轰炸机、攻击机、战斗机、武装直升机的空战武器，具有反应快、机动性能好、体积小、重量轻、使用灵活方便等特点。

美国 AIM-9 "响尾蛇" 空对空导弹

AIM-9 "响尾蛇" 空对空导弹是世界上第一款实用化的空对空导弹。

研发历史

AIM-9 "响尾蛇" 导弹于 1948 年设计，由美国海军空用武器中心研制，导弹的原型 XAAM-N-7 于 1953 年 9 月试射成功，后来编号更改为 GAR-8，最后又改为 AIM-9。其基本型号是 AIM-9B，改进型号相继有 AIM-9C、9D、

基本参数	
长度	3.02 米
直径	0.127 米
翼展	0.63 米
重量	85.3 千克
速度	2.5 马赫
有效射程	18.2 千米

9G、9H、9E、9J、9N、9P、9L、9M 等投产面世，该型导弹总共生产了 10 万多枚，形成世界上最大的 "响尾蛇" 空对空导弹系列。

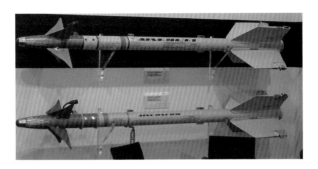

AIM-9L（上）与 AIM-9M（下）

弹体构造

　　AIM-9"响尾蛇"导弹采用鸭式气动布局，全弹由制导控制舱、引信与战斗部、动力装置、弹翼和舵面所组成。"响尾蛇"导弹各个型号的结构并不相同，最新型号 AIM-9X 的外形与之前的型号有很大差异，AIM-9XA 取消了陀螺舵的设计，因为导弹内部已经有专门的姿态控制系统保证导弹飞行过程中不会发生自旋。此外，AIM-9X 采用了矢量控制系统，通过改变发动机尾喷口喷气方向来控制导弹的飞行方向。

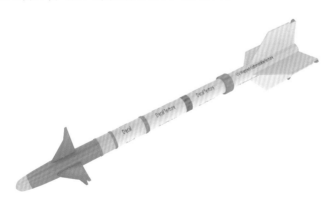

AIM-9"响尾蛇"导弹示意图

性能解析

　　AIM-9 "响尾蛇"导弹具有近距格斗能力，能全方向、全高度、全天候作战，是第一款以红外线作为导引设计，也是第一款有击落目标记录的空对空导弹。AIM-9 "响尾蛇"导弹大多采用了 Mk 36 无烟发动机作为动力系统，由于导弹飞行时没有明显的尾迹，对方飞行员很难通过肉眼发现。

F-35 战斗机正在发射 AIM-9 "响尾蛇"导弹

服役记录

美国海军第一个接收"响尾蛇"导弹的单位是部署在大西洋舰队"伦道夫"号航空母舰上的 VA-46 中队。这个中队于 1956 年 7 月正式在 F9F "黑豹"战斗机上装备"响尾蛇"导弹。同年 8 月，太平洋舰队"好人理查德"号航空母舰上的 VF-211 中队也接收了第一批"响尾蛇"导弹。除美国外，还有 50 多个国家装备了"响尾蛇"导弹。

挂于机翼外侧的 AIM-9 "响尾蛇"导弹

衍生型号

型 号	特 点
AIM-9A	生产数量大约 3500 枚，服役时间很短
AIM-9B	美国海军和美国空军在越南战争时的主力空对空导弹之一
AIM-9C	半主动雷达导引
AIM-9D	有着最新的导向装置及飞控系统
AIM-9E	将寻标器攻击角度提高至 16°、感应范围增至 40°
AIM-9G	增加扩搜寻模式
AIM-9H	追踪速率则提升到每秒 20°
AIM-9J	双三角翼构型，并强化控制翼结构部分，强化引信部威力
AIM-9L	AIM-9 家族中第一种具备全方位攻击能力的红外线导引导弹
AIM-9M	采用 Mk 36 Mod5 低烟发动机、WGU-4E/B 寻标器等

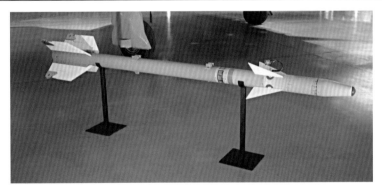

AIM-9E 导弹

10 秒速识

AIM-9 "响尾蛇"是一个直径为 127 毫米的圆筒状导弹，有一个十字梯形翼，尾翼后面边缘配备滚筒装置。

AIM-9 "响尾蛇"导弹弹头特写

美国 AIM-54 "不死鸟" 空对空导弹

AIM-54 "不死鸟" 是世界上第一种由主动雷达制导的空对空导弹。

研发历史

AIM-54 与 AWG-9 射控系统的发展初始是计划装备在海军的 F-111B 拦截机上，当 F-111B 被美国国会删减研发经费而不得不终止之后，美国海军将这两个系统转移到 F-14 计划当中，AIM-54 因此成为历

基本参数	
长度	4 米
直径	0.38 米
翼展	0.91 米
重量	450 ～ 470 千克
速度	5 马赫
有效射程	190 千米

史上第一种正式服役的主动雷达制导空对空导弹。1965 年导弹开始飞行测试，整个测试过程长达 7 年，1972 年美国海军同意进入生产阶段，第一枚 AIM-54A 于 1974 年正式服役，大约有 2500 枚 A 型导弹装备部队。

挂载有6枚AIM-54"不死鸟"导弹的战机

弹体构造

　　受限于早期电子技术以及射程技术，AIM-54的体型相当庞大，AIM-54的弹头重达60千克。AIM-54A型控制段还是沿用传统的自动飞行控制单元，采用MK11 Mod3型无线电近炸引信。AIM-54C利用了电子技术大幅提升了A型的设计与性能。改良的部分包含新的固态寻标头收发单元，可编程化数字信号处理器，数字自动驾驶仪以及简化版的惯性制导系统等。导弹改用摩托罗拉公司生产的DSU-28C/B引信以强化其在不同高度正确引爆的能力。

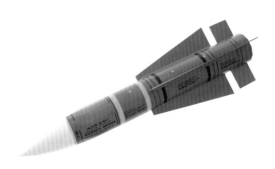

AIM-54"不死鸟"空对空导弹示意图

性能解析

AIM-54 导弹使用范围较广，可全天候使用，受自然环境影响较小。除此之外，AIM-54 能在任意高度上拦截战斗机、轰炸机和巡航导弹。"不死鸟"导弹共有四种制导方式，即连续数据半主动制导、采样数据半主动制导、主动制导和对干扰源寻的。在截击过程中，通常采用混合制导方式以获得最佳攻击效果。

AIM-54 "不死鸟"导弹后侧方特写

服役记录

由于受操作重量的限制以及对飞机飞行阻力产生的极大影响，美国海军极少携带 AIM-54 导弹执行一般性的巡逻任务。1999 年 1 月 6 日的南方守望行动期间，F-14D 战斗机对两架伊拉克米格 -25 战斗机发射了两枚 AIM-54 导弹，但这两枚导弹因发动机故障而没有击中目标。

伊朗空军在 1980 年两伊战争中曾有数次使用 AIM-54 导弹击落伊拉克飞机的记录，截至 2006 年，伊朗是世界上唯一装备 AIM-54 导弹的国家。

挂载于F-14战机上的AIM-54"不死鸟"导弹

衍生型号

型 号	特 点
AIM-54A	"不死鸟"系列导弹的第一个型号
AIM-54B	使用无液体的液压系统
AIM-54C	增强了拦截巡航导弹的能力
AIM-54 ECCM	增强了电子反干扰的能力

发射中的AIM-54"不死鸟"导弹

10秒速识

AIM-54"不死鸟"导弹采用尖卵形弹头、圆柱形弹体，弹径较大，比一般空对空导弹粗大许多。该导弹采用二组各4片控制翼面，第一组安装于弹体底端，矩形，尾端较小。第二组靠近第一组安装，呈三角形，弦长较大，翼展较小，前缘起点位于弹体中部。

供展览用的 AIM-54 "不死鸟" 导弹

美国 AIM-120 "监狱" 空对空导弹

AIM-120 "监狱"（AMRAAM）是美国现役的一款主动雷达导引空对空导弹。

研发历史

AIM-120 是美国与几个欧洲北约成员国关于发展空对空导弹及分享相关生产技术协议的产物。根据协议，美国负责开发下一代中距离空对空导弹，也就是 AIM-120 导弹，北约欧洲成员国负责开发下一代短程空

基本参数	
长度	3.7 米
直径	0.18 米
翼展	0.53 米
重量	152 千克
速度	4 马赫
有效射程	120 千米

对空导弹——AIM-132 先进短程空对空导弹。该协议的终止最后导致欧洲发展出一种跟 AIM-120 竞争的"流星"导弹，美国则继续升级 AIM-9 "响尾蛇"导弹。经过持续开发，AIM-120 导弹在 1991 年 9 月开始部署。

士兵正在运输 AIM-120"监狱"空对空导弹

弹体构造

AIM-120 使用两段式导引拦截远距离目标。发射时将目标的动态和导弹发射的位置输入 AIM-120 系统中，AIM-120 利用导弹内的惯性导航系统和资讯来拦截目标。机载雷达、红外线搜索追踪装置、联合战术情报发布系统或者空中预警管制机都能提供目标的动态。如果持续追踪目标，AIM-120 导弹内目标的资讯也会同时更新。AIM-120 会根据目标速率、方向的改变，修正拦截路线，使目标能成功地进入导弹主动雷达的侦测范围，进行自我归向导引。

AIM-120"监狱"导弹示意图

性能解析

AIM-120"监狱"具有全天候、超视距作战的能力，能够增强美国和其盟友未来在空战中的优势。AIM-120 比以往的导弹更小、更轻、更快，更能有效地对付低空目标。其内部整合的主动雷达、惯性基准元件和微计算机设备也减少了 AIM-120 对载具火控系统的依赖。一旦导弹接近目标，AIM-120 将会启动本身的主动雷达来拦截目标。

F/A-18 战斗机满载 10 枚 AIM-120 "监狱" 导弹

服役记录

　　AIM-120 "监狱" 导弹 3 个衍生型都在美国空军和美国海军服役。AIM-120A 已不再生产，AIM-120B 于 1994 年开始交付使用，AIM-120C 于 1996 年开始交付使用。AIM-120C 自从推出后便一直逐步升级，2003 年成功完成测试。

F-35 战斗机发射 AIM-120 "监狱" 导弹

衍生型号

型号	特点
AIM–120A	换装 WDU–33/B 高爆破片弹头
AIM–120B	换装新型 WGU–41/B 寻标器、新型数字处理器
AIM–120C	换装缩小型弹翼
AIM–120D	计划升级的版本，强化大角度离轴攻击能力

F-15 战斗机发射 AIM-120 "监狱" 导弹

10 秒速识

AIM–120 "监狱" 导弹采用大长细比、小翼展、尾部控制的正常式气动外形布局，各个型号的外形略有差异。

AIM-120 "监狱" 导弹前侧方特写

美国 AIM-132 "阿斯拉姆" 空对空导弹

AIM-132 "阿斯拉姆"（ASRAAM）是一种由欧洲导弹集团设计的短程空对空导弹，与美国联合生产。

研发历史

基本参数	
长度	2.9米
直径	0.166米
翼展	0.45米
重量	88千克
速度	3.5马赫
有效射程	15千米

1980 年，北大西洋公约组织的国家签订了协议，美国将发展一系列中距离空对空导弹（AIM-120 先进中程空对空导弹）以取代 AIM-7 "麻雀" 导弹，而英国和德国将发展一种近程空对空导弹以取代 AIM-9 "响尾蛇" 导弹。AIM-132 于 1982 年由欧洲几个国家联合研制，美国也参与到生产过程之中，1998 年 1 月该导弹正式交付英国皇家空军。2003 年导弹的生产和后续开发工作交由新成立的欧洲导弹集团，同时获得正式的北约识别代号——AIM-132。

"台风" 战斗机正在发射 AIM-132 "阿斯拉姆" 导弹

弹体构造

AIM-132 弹体采用模块式舱段结构，从前到后分可为 4 个舱段，即导引头舱，内有位标器、传感器、制冷装置和结构组件；电子和引信战斗部舱，内装电子器件和电源、近炸引信、战斗部和结构组件；固体火箭发动机舱；舵机舱。AIM-132 动力装置为 1 台两级推力固体火箭发动机。药柱燃烧时间为 15 秒。第一级药柱燃烧后产生的推力使导弹离开载机上的发射架；第二级药柱燃烧产生的推力使导弹能以很高的速度攻击目标。

AIM-132 "阿斯拉姆" 导弹示意图

性能解析

AIM-132 导弹能对目标实施全向攻击，导弹重量轻、机动过载大，可同时发射多枚导弹去攻击多个目标。导弹发射后还具备较强的发现、鉴别、锁定目标的能力，能选择合适的命中点，有较强的抗干扰能力。

挂载于 F/A-18 战斗机上的 AIM-132 "阿斯拉姆" 导弹

服役记录

AIM–132"阿斯拉姆"空对空导弹目前主要服役于英国皇家空军和澳大利亚空军。

台风战斗机挂载的两枚 AIM-132"阿斯拉姆"导弹

10 秒速识

AIM–132 导弹弹体为一细长圆柱体，头部为半球形。在弹体尾部有 4个同心安装、呈 X 形配置的稳定尾翼，沿弹体方向配置 3 个弹耳。

AIM-132"阿斯拉姆"导弹前侧方特写

俄罗斯 R-27 空对空导弹

R-27 是苏联于 20 世纪 70 年代中期开始研制的半主动雷达制导空对空导弹，北约代号为 AA-10"阿拉莫"。

研发历史

R-27 是三角旗设计局于 20 世纪 70 年代中期研制的中程空对空导弹，其目的是用来取代老旧的 K-13 和 R-23 系列导弹以配备在米格 -29、苏 -27 等战斗机上。与先前的苏制导弹相同，R-27 有雷达制导型和

基本参数	
长度	4.08 米
直径	0.23 米
翼展	0.72 米
重量	253 千克
速度	4.5 马赫
有效射程	80 千米

红外线制导型两大系统，自 1982 年服役以来至少已推出 7 种型号，成为一种被苏军广泛使用的空对空导弹。

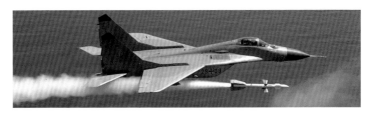

米格 -29 战斗机正在发射 R-27 导弹

弹体构造

R-27 导弹最早的 3 种型号是 R-27R、R-27T 和 R-27P，其中 R-27R

是半主动雷达制导、R–27T 由红外线制导，R–27P 是被动无线电制导。后来为了适应现代超视距空战的需要，设计师又增大了 R–27 导弹的射程，衍生出 R–27ER 和 R–27ET。冷战结束后，三角旗设计局还计划研制一种使用主动雷达制导的 R–27AE，但迄今为止这种导弹尚处于概念阶段。

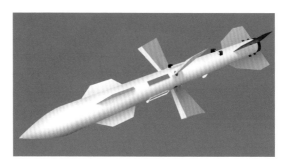

R-27 导弹示意图

||||▷ ★ 性能解析

　　R–27 的寻的头有半主动雷达型、主动雷达制导型和红外线型 3 种，无论配备哪种寻的头，R–27 发射后初期都以惯性飞向目标，中段制导则以数据链对弹道进行修正，末段制导由导弹寻的头进行控制，能有效攻击飞行高度在 20 米至 27 千米高度的目标。R–27 的基本型可从 7000 米至海平面高度发射，增程型的最大发射高度增至 9000 米，其最大射程因发射空域而有所不同，对低空目标的最大有效射程约 20 千米，对付中、高空目标则增为 40 千米以上。

配备在苏 -27 战斗机上的 R-27 导弹

服役记录

　　R-27 导弹于 1987 年开始服役。2000 年 5 月 16 日，埃塞俄比亚与厄立特里亚发生空战，双方对射数十枚 R-27 导弹均未命中，导致各 R-27 导弹使用国向俄罗斯提出抱怨，要求以更精准的导弹来代替。

R-27 导弹前侧方特写

衍生型号

型号	特点
R-27T	中距惯性指挥修正暨红外线制导型
R-27PS	特种短距红外线制导型
R-27R	中距惯性指挥修正暨半主动雷达制导型
R-27ET	R-27T 的增程型
R-27ER	R-27R 的增程型
R-27EA	远距惯性指挥修正暨主动雷达导引型
R-27EM	远距惯性指挥修正暨半主动雷达导引型

保存在博物馆中的 R-27 导弹

10 秒速识

R–27 的外形极具特色，弹体中段的 4 片大型倒梯形弹翼构成主要的控制面，而寻的头段是 4 片梯形稳定翼，弹体末段是 4 片固定式双三角尾翼。

展览中的 R-27 导弹

俄罗斯 R-37 空对空导弹

R-37 是苏联三角旗设计局研制的一种远程空对空导弹，北约代号为 AA-13"箭"。

研发历史

R-37 于 20 世纪 80 年代末由三角旗设计局开始研制，是在 R-33 空对空导弹的基础上改进而来的。R-37 空对空导弹担负的任务与 R-33 空对空导弹不同，主

基本参数	
长度	4.2 米
直径	0.38 米
翼展	0.7 米
重量	600 千克
速度	6 马赫
有效射程	150～398 千米

要是远程攻击、侦察和监视平台，以及信息战／电子战平台。

R-37 导弹侧方特写

弹体构造

R-37 空对空导弹采用常规气动布局，弹体中部安装大型导流片以提高

导弹的升力，弹翼的位置相对于 R-33 而言比较靠前。R-37 空对空导弹采用玛瑙设计局的 9B-1388 主动导引头，能在 40 千米外命中 5 平方米大小的目标。

R-37 导弹示意图

> ⫸ **性能解析**

R-37 空对空导弹的射程能够根据飞行剖面不同而调整，直接攻击时射程为 150 千米，以巡航滑行剖面飞行时射程为 398 千米。在 1994 年的一次试验中，R-37 导弹击中了 300 千米以外的目标，在当时创下远程导弹的攻击距离纪录。

发射中的 R-37 导弹

> ⫸ **服役记录**

R-37 空对空导弹主要装备于俄罗斯米格 -31BM 改进型截击机和出口至叙利亚的米格 -31 战斗机上。

米格 -31 战斗机发射的 R-37 导弹

10 秒速识

　　R-37 导弹弹翼的平面形状为前缘后掠角很大的扁梯形，尾翼为 4 片呈
X 形配置的矩形翼，可折叠。

R-37 导弹侧方特写

俄罗斯 R-60 空对空导弹

R-60 是由苏联三角旗设计局研制的红外线制导短程空对空导弹，属于第三代苏制空对空导弹，北约代号为 AA-8 "蚜虫"。

研发历史

R-60 导弹是苏联为了装备米格-23 战斗机而研制的红外线制导短程空对空导弹。从其外形尺寸和发射重量方面看，它是世界上战斗机使用的最小型空对空导弹之一。该导弹 1971 年开始大规模试验，1974 年装备部队。

基本参数	
长度	2.09 米
直径	0.12 米
翼展	0.39 米
重量	43.5 千克
速度	2.5 马赫
有效射程	8 千米

展览中的 R-60 导弹

弹体构造

R-60 空对空导弹采用短程空对空导弹中最常用的红外线导引，最初只能锁定在敌机后方，后来推出可以全方位锁定的型号。R-60 导弹第一部分是红外线搜索系统，第二部分安装有弹头，第三部分是保险丝装置、自动驾驶仪，第四部分是无线电低空爆炸信管和能源提供装置，第五部分是PRD-259 固体推进器发动机。

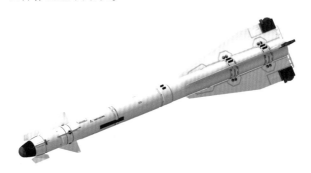

R-60 导弹示意图

性能解析

R-60 空对空导弹重量较轻，几乎所有苏联战机都可携带，能够通过使用两发齐射战术攻击机动目标。但其缺点是战斗部的炸药量较少，即使命中目标也不能保证将其击落。

R-60 导弹前侧方特写

服役记录

在苏联空军中的米格 –21、米格 –23、米格 –29、苏 –15、苏 –24、苏 –25 各种战斗机和对地攻击机，以及米 –24 武装直升机都装备有 R-60 导弹。

米格 -29 战斗机挂载的 R-60 导弹

10 秒速识

R-60 空对空导弹采用双鸭式气动布局，头部有 4 片矩形固定鸭翼，其后有 4 片三角形活动舵面，尾部有 4 片三角形切梢弹翼，每片弹翼后缘各有 1 个横滚稳定用的陀螺舵。

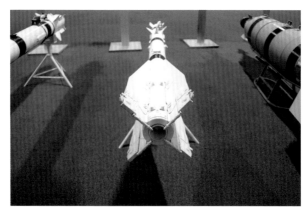

R-60 导弹后方特写

俄罗斯 R-73 空对空导弹

R-73 是由苏联三角旗设计局研发的一种先进的短程空对空导弹，北约代号为 AA-11 "箭手"。

研发历史

1973 年，苏联空军除第四代中程空对空导弹外，还需要一种新型短程格斗导弹，而新一代导弹必须具备高机动性和全面攻击性能。1974 年 7 月，三角旗设计局开始研制 R-73 空对空导弹，1976 年完成概念设计，1985 年 R-73 导弹定型服役。R-73 被赋予 K-73E 的名称并出口到国外，1988 年首次被运送到东德。在西方的命名中，这种导弹被称作 AA-11 "射手"，被普遍认为是最难以对付的现代空战武器之一。

基本参数	
长度	2.93 米
直径	0.165 米
翼展	0.51 米
重量	105 千克
速度	2.5 马赫
有效射程	40 千米

苏 -35 战斗机挂载的 R-73 导弹（机翼外侧）

弹体构造

R-73 的第一部分是一系列传感器、稳定器和控制平面在导弹前端形成的典型"瘦圆锥"结构。在第二部分前端，空气动力控制面和与之连通的空气动力连接器为操纵发动机服务，这个装置位于自动驾驶仪和无线电近发引信装置之后。第三部分是电力装置，它能促使流体送到空气动力控制调节器并通过气体管道进入主体，这可以使安装在导弹尾部的补助翼和排气叶片工作。第四部分由一个伸缩弹头组成：弹头内包含一个安全保险装置。第五部分是一台单一模式的固体推动剂发动机。导弹的尾部由补助翼的驱动器和空气动力叶片组成。

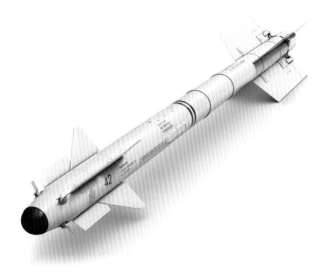

R-73 导弹示意图

性能解析

R-73 是一种高机动性导弹，可由佩戴头盔瞄准具的飞行员以目视的方式锁定目标，最小的攻击范围约 300 米，在同高度下最大射程达 30 千米。它在距发射轨 60°角可进行有效攻击，而且可在亚音速和超音速情况下发射。

挂于机翼外侧的 R-73 导弹

▌▌▌★▶ 服役记录

　　第一枚 R-73 导弹于 1985 年服役，1990 年东德西德合并后，西方获得了配属给东德米格 -29 战斗机的 R-73。在测试中，R-73 在各个方面都优于美国的 AIM-9"响尾蛇"导弹，因此促进了 AIM-9 和其他短程空对空导弹的发展。米格 -29、苏 -27、苏 -32 和苏 -35 战机都携带过 R-73 空对空导弹。俄罗斯攻击直升机也可配备该导弹。

展览中的 R-73 导弹

10秒速识

R–73 空对空导弹采用鸭式气动布局，弹翼上采用稳定副翼，弹翼前采用前升力小翼，弹翼和舵面位置呈 X 形。除了发动机是钢铁制成的以外，大部分机身采用铝合金材质。除了后面几个部分用凸缘结合连接外，其余都用插销连接。

R-73 导弹尾部特写

俄罗斯 R-77 空对空导弹

R-77 是俄罗斯制造的一种主动雷达制导全向全天候中程空对空导弹，北约代号为 AA-12"蝰蛇"。

研发历史

20 世纪 90 年代初，为进一步提高导弹机动能力和抗干扰能力，三角旗设计局推出了 R-77 导弹。1994 年 R-77 导弹开始小批量生产，直到 90 年代中期三角旗设计局开始自行组织批量生产出口型 R-77 导弹，代号为 RVV-AE，使用改进型自导弹头。

基本参数	
长度	3.6 米
直径	0.2 米
翼展	0.35 米
重量	175 千克
速度	4 马赫
有效射程	80 千米

T-50 战斗机挂载的 R-77 导弹（机翼内侧）

弹体构造

R–77 导弹装有自主式雷达寻的制导系统。导弹的制导可分为两个阶段：初始制导阶段，其制导距离可达导弹飞行轨迹的 80％，由弹载计算机按导弹载机在发射导弹前发给导弹的目标飞行参数，自动修正路线并在飞行的过程中进行运算，从而使导弹由惯性制导到目标；自主制导阶段是自主雷达寻的制导系统捕获雷达照射的目标。

R-77 导弹示意图

性能解析

R–77 导弹在简单和复杂气象条件下，在敌人进行电子干扰的情况下，无论在以地面还是海面为背景的条件下，都可以全方位攻击任何空中目标，其中包括高机动性战斗机、对地攻击机和直升机。

R-77 导弹后方特写

服役记录

目前，俄罗斯国防空军中的米格 –29 和苏 –27 战斗机均装备有 R–77 导弹。三角旗设计局正在制订 R–77 主动雷达制导中距空对空导弹的中期寿命改进计划，以便全面提高该导弹的性能。印度 1996 年开始从俄罗斯购进超过 2000 枚的 R–77 导弹，目前已经有 1000 枚交付完毕。

R-77 导弹使用的导引头

10 秒速识

R–77 空对空导弹采用舵面位于弹翼后的传统气动力布局，弹翼和舵面呈 X 形。弹体由 8 个舱组成。舵面为不可拆卸式超小型展弦比弹翼和可折叠式格栅舵面，每一舵面由单独的传动电动机自主传动。

R-77 导弹前侧方特写

以色列"怪蛇"3型空对空导弹

"怪蛇"3型导弹是以色列拉斐尔公司研制的短程空对空导弹。

研发历史

  "怪蛇"3型导弹是拉斐尔公司在"蜻蜓"2型导弹基础上改进发展的短程空对空导弹，于1975年开始设计，1981年交付样弹，同年6月在巴黎航展上首次露面。1983年投入批量生产，1984年开始向国外大量出口。

基本参数	
长度	3.1米
直径	0.16米
翼展	0.64米
重量	103.6千克
速度	4马赫
有效射程	20千米

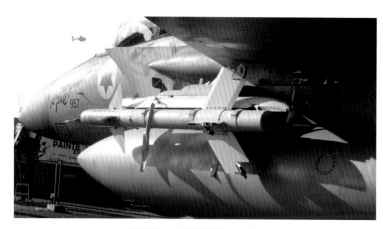

"怪蛇"3型导弹后侧方特写

弹体构造

　　"怪蛇"3型空对空导弹采用新设计的破片式高能炸药战斗部，重量为11千克。红外导引头采用氮制冷锑化铟探测元件，因而大大提高了导弹制导系统的灵敏度，实现了导弹的全向攻击。

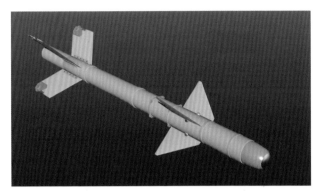

"怪蛇"3型空对空导弹示意图

服役记录

　　"怪蛇"3型空对空导弹于1982年开始服役，同年年中首次用于中东"贝卡谷之战"并取得命中50发的战绩，目前仍在生产。

10 秒速识

　　"怪蛇" 3 型空对空导弹采用三角形鸭式舵面，平行四边形的弹翼较以色列早期的"蜻蜓"系列导弹明显加大。因在每个弹翼的翼尖上都装有陀螺舵，所以导弹在横滚时可以保持稳定。

"怪蛇" 3 型导弹前侧方特写

"怪蛇" 3 型导弹前方特写

以色列"怪蛇"4空对空导弹

"怪蛇"4是以色列拉斐尔公司研制的一款短程空对空导弹。

研发历史

20世纪70年代末至80年代中期，以色列拉斐尔公司开始研制"怪蛇"4空对空导弹。80年代末开始对其进行评估试验，1992年开始装备以色列空军。

基本参数	
长度	3米
直径	0.16米
翼展	0.5米
重量	120千克
速度	3.5马赫
有效射程	15千米

挂载于F/A-18战斗机的"怪蛇"4导弹

弹体构造

"怪蛇" 4 装有万向支架安装的双波段红外导引头，使它能以大至 60° 的离轴角在发射前后截获目标并跟踪目标。内部容积的增加基本上都用在火箭发动机上，双速固体火箭发动机可使 "怪蛇" 4 导弹离开发射轨道后快速地变矢量飞行，然后快速攻击目标。

"怪蛇" 4 导弹示意图

性能解析

"怪蛇" 4 的特点是控制面很多，其高机动性是通过总共 18 个气动面的协调工作而实现的。如果 "怪蛇" 4 失去迎头攻击的机会，还具有足够的能量和控制能力改变攻击方向，并开始尾追攻击。该导弹抗红外干扰能力极强，可成功避开曳光弹。

挂于 F-5 战斗机机翼外侧的 "怪蛇" 4 导弹

服役记录

"怪蛇" 4 导弹目前主要装备于 F–16 战斗机上，2003 年开始在国际市场上销售。

▌▌▌▌◆ **10 秒速识**

　　"怪蛇" 4 和 AIM-9"响尾蛇" 的体型差不多,而且在稍微改装内部电子元件之后,两者可以做到发射挂架通用兼容。此外,"怪蛇" 4 还装备有 1 个 DASH 头盔瞄准具,以显示数字化的空战界面并支持导弹进行 ±90° 离轴发射。

"怪蛇" 4 导弹前侧方特写

以色列"怪蛇"5 空对空导弹

"怪蛇"5 导弹是以色列拉斐尔公司研制的短程空对空导弹。

研发历史

"怪蛇"5 导弹的正式研制工作始于
1997 年，研制中最重大的决定之一是新导
弹采用"怪蛇"4 导弹的空气动力结构。
"怪蛇"5 运用了当今空对空导弹领域最先
进的技术，并经过长期研究和试验后制成。

基本参数	
长度	3.1米
直径	0.16米
翼展	0.64米
重量	105千克
速度	4马赫
有效射程	20千米

2003 年 6 月，以色列公布了"怪蛇"5 导弹的性能。2006 年，新导弹正式
服役。

"怪蛇"5 导弹头部特写

弹体构造

"怪蛇"5导弹惯性导航单元采用了以色列飞机工业公司新研制的光学纤维陀螺仪,头盔瞄准具或者载机雷达只需向惯性导航装置输入目标的大概位置,导弹就能发射。除此之外,"怪蛇"5还采用了双波段焦平面阵列导引头和先进的制导算法,能在下视、不良背景和云层条件下拦截小型目标。

"怪蛇"5导弹示意图

性能解析

新技术的应用提高了"怪蛇"5导弹的机动性和发射能力,它可以在任何角度攻击目标,包括向后发射能力。无论目标作何种规避动作或采用何种干扰措施,"怪蛇"5都能保持最高的杀伤率和极好的抗干扰能力,是最具威力的空中杀手。

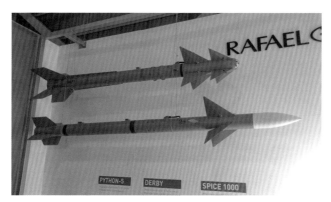

"怪蛇"5导弹(上)和"德比"导弹(下)

▌▌▌▷ 服役记录

　　"怪蛇"5导弹主要装备以色列国防军，第一次投入实战是在2006年的黎巴嫩战争中。

挂载于战机上的"怪蛇"5型导弹（机翼中间）

▌▌▌▷ 10秒速识

　　"怪蛇"5导弹采用"怪蛇"4导弹的空气动力结构，其导引头为锑化铟材料，使用焦面阵红外探测器组成红外成像器，战斗部采用了和"怪蛇"4类似的激光近炸引信。

"怪蛇"5导弹（上）

法国"米卡"空对空导弹

"米卡"是法国马特拉公司研制的先进的中程空对空导弹,又被译为"云母"导弹。

研发历史

"米卡"原本是马特拉公司专为法国空军"幻影2000"战斗机研制的中近程空对空导弹。1981年年底,"米卡"导弹的研制工作正式展开。1983年10月,"米卡"进行导弹无制导地面试射,1985年年初便完成了可行性验证,进入制造阶段。1990年春开始用"幻影2000"战斗机进行载飞和试射,到1992年1月共进行了20多次地面和空中试射。1995年,"米卡"导弹空中试射成功,1997年,"米卡"通过定型,2000年开始大批量生产。

基本参数	
长度	3.1米
直径	0.16米
翼展	0.61米
重量	112千克
速度	4马赫
有效射程	50千米

挂载于"阵风"战斗机上的"米卡"导弹

弹体构造

"米卡"的优点在于模块化的结构，由于采用了推力矢量控制技术，使其拥有了更大的杀伤区域和不可逃区域。在导弹发射后的几秒钟内，由于空气动力控制系统的操纵效率较低，因此仅用燃气偏转装置进行推力矢量控制，当导弹达到超音速后，两者才能共同控制导弹的飞行。根据制导方式的不同，"米卡"可分为两种型号——"米卡"主动雷达制导型（"米卡"RF）和被动红外制导型（"米卡"IR）。据外界估计，"米卡"RF型的导引头作用距离为15千米左右，"米卡"IR的被动红外导引头采用双频段机电扫描方案和完善的信号处理技术。"米卡"采用预制破片高爆战斗部，引信可选择触发型和雷达近炸型。

"米卡"导弹示意图

性能解析

"米卡"导弹具有较好的抗干扰能力。由于它射程远，机动性好，制导精度高，既可用于中距拦射，也可用于近距格斗。"米卡"导弹的性能足以与美国先进的中程空对空导弹一争高下。

"米卡"导弹侧面特写

服役记录

　　"米卡"导弹的雷达型和红外型分别于 1996 年和 2000 年开始大批量生产，法国空军和海军总共订购 3000 枚，两种型号各 1500 枚。截至 2003 年，"米卡"导弹的出口数量已经突破 3000 枚。

挂于机翼外侧的"米卡"导弹

10 秒速识

　　"米卡"空对空导弹采用窄长边条式弹翼和后缘呈阶梯形的尾翼，尾喷口内装有 4 个燃气偏转装置。

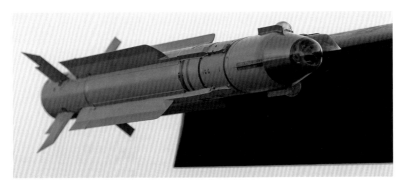

"米卡"空对空导弹前侧方特写

法国 R550 "魔术" 空对空导弹

R550 "魔术" 是法国马特拉公司研制的一款短程空对空导弹。

研发历史

R550 "魔术" 是 1966 年 11 月马特拉公司根据法国空军提出的空中格斗要求开始设计的短程空对空导弹，1967 年进行可行性论证，1969 年开始研制，1970 年年底制造出样弹，1972 年 1 月在朗德试验中心开始

基本参数	
长度	2.72 米
直径	0.157 米
翼展	0.66 米
重量	89 千克
速度	2.7 马赫
有效射程	15 千米

对导弹进行各种发射试验，其中包括制导发射、模拟格斗状态下对机动目标发射以及各种使用条件下发射，共计 30 多次。1973 年开始全面研制并由 "幻影" Ⅲ 战斗机首次试射，1974 年法国空军装备部对导弹作了发射试验鉴定，1974 开始生产，1975 年开始服役。

R550 "魔术" 导弹后侧方特写

弹体构造

R550"魔术"导弹的位标器光学系统仅采用 1 个活动部件,即惯性很小的初级平面反射镜,使用这种平面反射镜可以加快扫描速度。调制器和信号处理器的设计具有抗干扰和目标分辨能力,不会跟踪背景中的假目标。"魔术"导弹从头到尾依次是红外线寻标器、控制面、弹头和固态火箭推进段。

R550"魔术"导弹示意图

性能解析

R550"魔术"导弹在发射后能自由转动并使导弹在横滚时保持稳定,从而获得近距大过载发射和格斗能力,既可用于格斗,也可用于拦截。

"幻影"F1 战斗机挂载的 R550"魔术"导弹

服役记录

R550"魔术"导弹基本型被称为"魔术"1,1985 年开始服役的 R550 导弹被称为"魔术"2,"魔术"1 导弹曾在 1980 年由伊拉克的苏制米格战斗机用于与伊朗的 F-4 和 F-14 战斗机的空战,并击落各 1 架,后在 1982 年由阿根廷空军的法制战斗机用于英阿"马岛冲突",战果不详;"魔术"2 导弹曾在 1991 年海湾战争中由多国部队用于攻击伊拉克飞机,后又在 1995 年波黑战争中使用。

挂载于幻影 2000 战斗机的 R550"魔术"导弹（右）

10 秒速识

　　R550"魔术"导弹采用双鸭式气动外形布局，该导弹有两组弹翼：第一组是 4 片固定式三角翼安定面，后方有另外 4 片可动控制面，负责导弹在滚转与俯仰轴上的运动。其红外导引头采用氮气制冷的锑化铟光敏元件。

R550"魔术"导弹侧方特写

欧洲"流星"空对空导弹

"流星"是欧洲导弹集团研制的一种超视距作战空对空导弹。

▌▌▌▶ 研发历史

2001 年 12 月，英国、法国、德国和意大利等国的几大著名导弹公司联合成立了欧洲导弹集团，总部设在英国伦敦。此后，欧洲导弹集团开始全力研制"流星"空对空导弹。2002 年 12 月，所有参与国都为耗费 12 亿英

基本参数	
长度	3.65 米
直径	0.178 米
翼展	1.2 米
重量	185 千克
速度	4 马赫
有效射程	320 千米

镑的"流星"空对空导弹完成了法律手续。2006 年 7 月 12 日，瑞典"鹰狮"战斗机首次进行了"流星"导弹发射，试验取得了圆满成功。

展览中的"流星"导弹

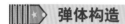

弹体构造

"流星"导弹弹体主要由导引头天线罩、电子系统舱、战斗部舱以及整体式固体火箭发动机舱 4 部分组成。该导弹采用了主动寻的雷达导引头及双向数据链技术，发动机燃气流量调节比值大于 10，具有相当宽的飞行包线。

"流星"导弹示意图

性能解析

"流星"导弹在大空域内具有同时对付多个目标的能力，即使目标做 8 ~ 9G 的机动过载，"流星"导弹依然能够跟踪目标并将其摧毁。"流星"导弹具有远程防区外射程和高杀伤能力，可以配装近炸引信或触发引信，以确保在各种环境中有效毁伤目标。

挂载有"流星"导弹的"鹰狮"战斗机

服役记录

JAS 39 "鹰师""狂风"F.3 及"台风"战斗机均挂载过"流星"导弹。

其中，"台风"战斗机上还完成了导弹的投放实验。2016 年 7 月，"流星"空对空导弹首次在瑞典空军服役。 其他一些海外客户也对其纷纷表现出浓厚的兴趣，"流星"导弹具有广阔的出口前景。

"阵风"战斗机发射"流星"导弹

▌▌▌▷ 10 秒速识

"流星"导弹采用正常的气动布局，4 片全动式梯形尾舵、两片固定弹翼，与二元进气道一起呈轴对称配置。数据链接收机安装在两个进气道之间，数据链天线则安装在弹体的尾部，弹体中部有两片弹翼。

两枚"流星"导弹

日本 AAM-3 空对空导弹

AAM-3 是日本为替换 AIM-9L "响尾蛇"导弹而独立研制的一款小型短程空对空导弹。

研发历史

AAM-3 空对空导弹是日本航空自卫队现役的近距格斗空空导弹之一，其研制工作始于 1986 年，主承包商为日本三菱重工，导引头和近炸引信由日本电气研制，战斗部

基本参数	
长度	3.1 米
直径	0.127 米
翼展	0.64 米
重量	91 千克
速度	2.5 马赫
有效射程	35 千米

由小松制作所研制。1987 年 9 月，开始一系列技术试验。1989 年 7 月，进行了 3 次空中发射试验，充分显现了 90 式空对空导弹具有较高的格斗能力和目标捕捉能力。

F-15 战斗机装备的 AAM-3 导弹

弹体构造

AAM-3 导弹采用固体火箭发动机，导引头采用日本电气新开发的双色红外导引头和激光近炸引信，战斗部采用小松制作所制作的高爆破片战斗部。AAM-3 导弹可向弹体斜前方发射激光束，当侧面的传感器接收到反射波后即可引爆战斗部。同时激光近炸引信装备了大量传感器进行激光束的发射和接收，可以精确测定目标象限，从而保证导弹可以装备定向弹头，进行全向攻击。

性能解析

AAM-3 空对空导弹在机动性、抗干扰性和目标捕捉等各方面的性能都表现不错，具有很高的格斗能力和目标捕捉能力。

F-2 战斗机挂载的 AAM-3 导弹（机翼外侧）

服役记录

AAM-3 导弹于 1990 年装备部队，是日本现役的"90 式空空导弹"。目前，日本三菱重工名古屋导弹推进系统制造所仍在生产这种导弹。

士兵为战机装载 AAM-3 导弹

10 秒速识

AAM-3 导弹吸收了法国"魔术"导弹在气动外形布局上的优点，采用十字形前翼气动布局，取消了弹翼后缘的陀螺舵，尾部弹翼呈小翼展矩形。

AAM-3 导弹前侧方特写

日本 AAM-4 空对空导弹

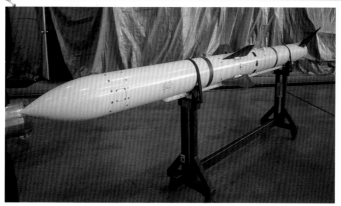

AAM-4 是由日本三菱重工业生产的一款中程空对空导弹。

研发历史

1985 年，日 本 自 卫 队 开 始 研 制 AAM-4 导弹，意图使用自制导弹以取代外购。1994 年开发完成并于 1999 年实现量产。2008 年 推出改进型 AAM-4B 空对空导弹，新型导弹 于 2010 年投入生产，用于装备 F-15J 和 F-2 战斗机。

基本参数	
长度	3.667 米
直径	0.203 米
翼展	0.8 米
重量	222 千克
速度	4 ～ 5 马赫
有效射程	100 ～ 120 千米

弹体构造

AAM-4 导弹尾翼作为操纵舵面，可为中央主弹翼在发射后的飞行和急 转中提供升力，并保持导弹的稳定。AAM-4 对命令发射器、导引头和近炸 引信使用了一种特殊的调制方法，使其能够在不被敌方雷达和导弹预警系 统发现的情况下进行攻击。通过在惯性制导装置上安装响应特性好的小型 光纤陀螺，AAM-4 的制导性能也有所提高。

AAM-4B 空对空导弹弹头特写

性能解析

通过组合使用主动雷达制导和指挥 / 惯性制导，AAM-4 导弹具有在不需要指挥 / 惯性制导的范围内射击的能力，并且还可以在发射后引导导弹。日本在 2005 年对 AAM-4 导弹的多项改进进行了试验，包括增加射程，可对付多个目标的能力，以及对制导与控制系统部件进行改进。AAM-4 导弹的主动雷达导引头也进行了改进，使其应对侧行目标的能力得到了提高，改进了相控阵天线，并提高了发射功率。

装备在 F-2 战斗机上的 AAM-4 导弹

▶ 服役记录

　　AAM-4 空对空导弹目前主要服役于日本航空自卫队，装备机型为 F-15J 和 F-2 战斗机。

搭载 AAM-4 导弹的 F-2 战斗机

▶ 衍生型号

型 号	特 点
AAM-4B	2010 年推出的改进版本，带有 AESA 雷达导引头
XRIM-4	海军型防空导弹，项目被取消

挂在机身底部的 AAM-4 导弹

AAM-4 采用了中央主弹翼加尾翼的气动布局，比 AIM-120 导弹略厚。

F-2 战斗机搭载 AAM-4 导弹在空中飞行

Chapter 03

空对地导弹

　　空对地导弹是各国空军对地攻击的重要突击武器，是一种用军用飞机发射以攻击地面的导弹。目前，空对地导弹已发展至三代，且种类繁多、用途各异。按其作战用途可分战略空对地导弹和战术空对地导弹。

美国 AGM-65 "小牛"空对地导弹

AGM-65 "小牛"导弹是美国休斯飞机公司（现为休斯导弹系统公司）研制的一款短程空对地导弹。

研发历史

AGM-65 "小牛"空对地战术导弹是由美国空军航空系统局 AGM-65 系统项目办公室负责的项目，由美国休斯飞机公司研制。1965 年开始对其进行设计，1968 年 7 月开始生产，1969 年 12 月首次进行空中发射试

基本参数	
长度	2.49 米
直径	0.3 米
翼展	0.71 米
重量	304 千克
速度	0.9 马赫
有效射程	22 千米

验，1971 年 7 月开始批量投产，1973 年 1 月基本型 AGM-65A 进入美国空军服役。自 1971 年 7 月投产到 1978 年 5 月停产，共生产了 AGM-65A 型导弹 20100 枚，月生产率 800 枚。该导弹有 7 种改型，分别为"小牛" A 型、B 型、C 型、D 型、E 型、F 型、和 G 型，其代号都为 AGM-65。

发射中的 AGM-65 "小牛"导弹

弹体构造

　　AGM–65 设计时采用模组化设计方式，可以使不同寻标器、战斗部安装在相同的固体燃料火箭发动机弹体上。不同型号的 AGM–65 具有不同的导引系统，包括光电、激光、红外线、感光耦合元件、极高频导引等。AGM–65 有两种弹头，一种重 57 千克，头部装有接触引信; 另一种弹头较重，为 136 千克，配备延迟引信。

AGM-65"小牛"导弹示意图

性能解析

　　AGM–65 "小牛"导弹能根据作战要求，由不同载机选择适合的导弹型号，因而具有全天候、全地形作战使用能力。它能有效地打击各种战术目标，包括装甲单位、防空设备、舰艇、地面运输部队及燃料储存设施等。

A-10 攻击机正在发射 AGM-65 "小牛"导弹

服役记录

　　在海湾战争中，多国部队的 A–6、A–10、AV–8B、F–16、F–4G、F/A–18 等飞机共发射了 5000 多枚 AGM–65 "小牛"空对地导弹，发射成功率约为 80%～90%，取得了较好的战果。在 2003 年伊拉克战争中，美军飞机还首次挂载了 AGM–65G2 完善型"小牛"导弹。

挂有 AGM-65 "小牛"导弹的 F/A-18 战斗机

10 秒速识

AGM–65 "小牛"导弹采用正常式气动外形布局，4 片后掠三角形弹翼位于弹体中、后部，十字形尾舵位于弹体尾部，舵面偏转 ±35°，圆柱形弹体由 4 块 1/4 圆弧的弯板铆接而成，弹体内部采用舱段式结构，可分为前段、中段和后段 3 个舱段。

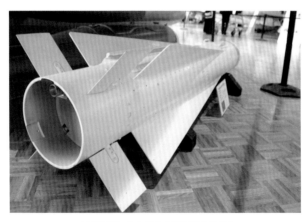

AGM-65 "小牛"导弹后方特写

美国 AGM-86 空对地导弹

AGM-86 是由美国波音公司研发生产的第三代战略空对地巡航导弹。

研发历史

1974 年 7 月，美国空军与波音公司签订了新型导弹的研制合同，新型导弹计划装备在 B-1 轰炸机上，用旋转式发射架实施空中发射。1976 年开始研制 AGM-86A 导弹，1976 年 3 月 5 日完成第一次动力飞行，1976 年 9 月第一次全制导飞行成功。随着 B-1A 轰炸机计划的撤销，AGM-86A 项目也在 1977 年 6 月中止，波音公司转入对其后继型号 AGM-86B 的研究。AGM-86B 1977 年开始研制，装备部队后于 1992 年退役。

基本参数	
长度	6.3 米
直径	0.62 米
翼展	3.7 米
重量	1430 千克
速度	0.73 马赫
有效射程	2400 千米

士兵为 B-52 轰炸机安装 AGM-86 空对地导弹

弹体构造

AGM-86 采用高强度铝合金弹体，内部结构由制导系统、战斗部、油箱、发动机共 4 个舱段组成。制导系统采用等高线地形匹配辅助惯性导航系统（TAINS），由麦道公司研制的 AN/DSW-15 等高线地形匹配系统（TERCOM）和利登公司生产的 LN-35 惯导设备组成。战斗部采用 W80-1 型 20 万吨级当量可调的核弹头，质量约 122.5 千克，核装药为浓缩铀或氚，主引爆药为 PBX-9502 钝感烈性炸药。燃料选用 JP-4 航空煤油，总质量 240 千克。动力装置采用 F107-WR-100/-101（A 型 /B 型）低成本小型双轴涡轮风扇发动机，是威廉姆斯研究公司于 1970 年在 WR-19 发动机基础上研制出来的。

飞行中的 AGM-86 空对地导弹

性能解析

AGM-86 是一种全天候、多用途巡航导弹，主要由 B-52H 型战略轰炸机携带并发射，能提高 B-52H 战略轰炸机的攻击有效性和战场生存能力，机内最大装载量达 22 枚。该导弹可实现发射后不管的自主飞行，能自动跟踪目标运动并调整航向。因此，轰炸机可以立即进入另一个导弹发射程序，或撤离作战空域。

待安装的 AGM-86 空对地导弹

安装在机翼下的 AGM-86 空对地导弹

服役记录

1991 年海湾战争中，美国空军首次将 AGM-86C 巡航导弹投入实战，打击了伊拉克北部地区一些"战斧"导弹射程难以覆盖的重要目标。1998 年 12 月 17 日至 19 日，美英两国在对伊拉克发动的"沙漠之狐"作战行动中，美军 B-52H 轰炸机发射了约 90 枚 AGM-86C 巡航导弹。

衍生型号

型号	特点
AGM-86A	制导系统为地形匹配辅助惯性导航系统。战斗部采用 W80-1 小型核弹头。
AGM-86B	比 AGM-86A 长了 2 米，射程增加到 2500 千米。
AGM-86C	常规空对地攻击型，战斗部为 450 千克重的高能爆破 / 杀伤战斗部，也可加装非核电磁脉冲战斗部。
AGM-86D	精确打击型，采用贯穿战斗部、现代化精确 GPS 制导系统以及改进的末段飞行剖面，以便发挥战斗部的最大效能。
AGM-88E	用于对付防空部队

博物馆中的 AGM-86 空对地导弹模型

⚡ 10秒速识

　　AGM-86 导弹弹体为不规则形状，头部为一个略向上倾斜的扁锥体，中段腹部扁平，背部呈椭圆形，尾部近似三角形。弹翼位于弹体中部，水平尾翼和垂直尾翼位于弹体尾部，发动机装在弹体的后上方，其进气口向下折叠，发射后 2 秒内可全部张开。

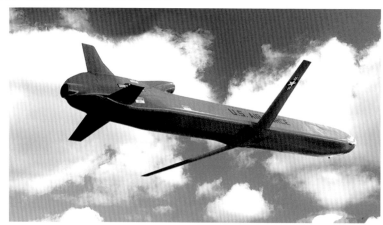

AGM-86 空对地导弹后侧方特写

美国 AGM-88 "哈姆" 空对地导弹

AGM-88 "哈姆" 导弹是美国德州仪器公司研发的一款空对地反辐射导弹。

研发历史

20 世纪 60 年代后期，美国海军提出新型反辐射导弹的需求，美国德州仪器公司（其武器生产部门已被雷神公司收购）在 1974 年 5 月被选为主要开发新型导弹的公司。1983 年，

基本参数	
长度	4.1 米
直径	0.254 米
翼展	1.13 米
重量	355 千克
速度	1.86 马赫
有效射程	150 千米

"哈姆" 导弹的批量生产计划获得批准，首批导弹交付美国海军，美国军方编号为 AGM-88。1985 年，"哈姆" 导弹首次装备 "小鹰" 号航空母舰上的 A-7 攻击机部队。

装备在 F-16 战斗机上的 AGM-88 "哈姆" 导弹（白色涂装）

▎▎▎▷ 弹体构造

AGM-88"哈姆"导弹采用双推力固体燃料火箭发动机制导方式，当载机上的雷达告警接收机探测到辐射源信号后，由机载发射指令计算机对辐射源目标进行分类，并进行威胁判断和攻击排序，然后向导弹发出数字指令，将确定的重点目标的有关参数输入导弹并显示给飞行员，只要目标进入导弹射程就可以发射（不管目标是否在导弹导引头视场内）。导弹在数字式自动驾驶仪控制下按预定的弹道飞行，确保导弹导引头能截获目标。这种攻击方式一般称为自卫方式。还有两种攻击方式是攻击随机目标方式和预定攻击方式。随机目标方式是在载机飞行过程中导弹导引头始终处于工作状态，利用它比一般雷达告警接收机高得多的灵敏度对辐射源进行探测、定位和识别，并向飞行员显示相关信息，由飞行员瞄准威胁最大的目标并发射导弹。而预定攻击方式则是向已知辐射源目标的位置发射导弹。

AGM-88"哈姆"导弹示意图

▎▎▎▷ 性能解析

AGM-88"哈姆"导弹具有射速快、射程远等特点，可最大限度压缩敌方反应时间，攻击现役各种型号雷达，不受载机过载及机动限制。

发射中的 AGM-88"哈姆"导弹

服役记录

　　1986 年，美国空军使用"哈姆"导弹空袭利比亚，这次空袭共发射了 36 枚"哈姆"导弹，摧毁了利比亚的 5 个雷达阵地。在第一次海湾战争中，600 多枚"哈姆"导弹与其他反辐射导弹一起摧毁和压制了伊拉克 90% 的预警雷达和地空导弹制导雷达系统，使其无法发挥防空作战效能，因而有效地降低了以美国为首的多国空袭飞机的战损率。

装有 4 枚 AGM-88"哈姆"导弹的 F-16 战斗机

衍生型号

型 号	特 点
AGM-88A	基本型
AGM-88B	更换 A 型的导引头内的插件式硬件模块
AGM-88C	采用了更新型的导引头和新型战斗部
AGM-88D	采用 GPS/INS 制导装置
AGM-88E	用于对付防空部队

AGM-88E 导弹

10 秒速识

　　"哈姆"导弹采用卵形弹头、柱形弹体。它有两组控制面：第一组位于弹体后部，4 片对称安装，前缘后掠，后缘平直，外端平行于导弹轴线；第二组位于弹体中部，4 片对称安装，前缘后掠角度由大变小，后缘垂直于弹体。

AGM-88 导弹（上）、AGM-45 导弹（中）、AGM-65 导弹（下）

美国 AGM-114 "地狱火" 空对地导弹

AGM-114 "地狱火" 导弹是美国洛克希德·马丁公司研制的一款空对地导弹。

研发历史

AGM-114 "地狱火" 导弹最初是洛克希德·马丁公司在 "大黄蜂" 电视制导空对地导弹基础上研制的一种由直升机发射的近程空对地导弹，该导弹属于美军第三、四代反坦克空对地导弹，其基本型 AGM-114A 于 1970 年开始研制，1971 年进入试验阶段。1976 年该导弹正式定为 "阿帕奇" （AH-64A） 攻击直升机机载武器，1982 年投产。

基本参数	
长度	1.63 米
直径	0.178 米
翼展	0.33 米
重量	49 千克
速度	1.3 马赫
有效射程	8 千米

挂载于战机上的 AGM-114 "地狱火" 导弹

弹体构造

AGM-114 导弹采用模块化设计，可根据战术需要和气象条件选用不同制导方式、配备不同导引头。其中有一种射频 / 红外导引头，专门用于对付配有雷达的防空导弹、高射炮武器系统。

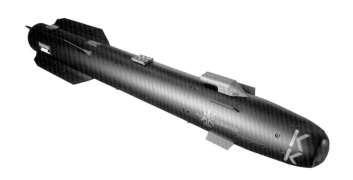

AGM-114"地狱火"导弹示意图

性能解析

AGM-114 是一种能从海、陆、空发射、攻击海上或陆地带有装甲机动目标的导弹，有多种改进型号在役，具有发射距离远、精度高、威力大等优势。该型导弹采用激光制导方式，抗干扰能力强。直升机发射 AGM-114 导弹之后，行动不会受到限制，可以立刻回避敌人攻击。

发射中的 AGM-114"地狱火"导弹

服役记录

　　1982 年和 1983 年，AGM-114 导弹分别装备了美国空军 UH-60 "黑鹰" 直升机和英国 "山猫" 直升机。1989 年，AGM-114 导弹在美军入侵巴拿马战争中首次使用，用于攻击巴拿马国防军司令部。在海湾战争中该型导弹被广泛使用，主要配备在 AH-64A 型攻击直升机和海军陆战队装备的 AH-1W 型 "超级眼镜蛇" 直升机上。

挂载于直升机下的 AGM-114 "地狱火" 导弹

衍生型号

型 号	特 点
AGM-114A	基本型，半主动激光导引
AGM-114B/C	基本型，电子点火方式
AGM-114D/E	基本型，使用数字化导向计算机，未生产
AGM-114F	过渡型，半主动激光导引
AGM-114G	过渡型，升级为 SAD 系统，未生产
AGM-114H	过渡型，AGM-114F 的数字化导向计算机版
AGM-114J	AGM-114F 的轻量化和射程增强版
AGM-114K	AGM-114J 的 SAD 升级版
AGM-114L	攻击所有装甲性目标
AGM-114M	半主动激光导引，攻击碉堡、轻载具、软性攻击目标和洞穴
AGM-114N	半主动激光导引，攻击围墙、船舰、软性攻击目标
AGM-114P	AGM-114K 的最佳化，于无人侦查机上使用版本

装有 AGM-114"地狱火"导弹的 MQ-1 无人机

10 秒速识

　　AGM-114 导弹弹体呈棍状，采用两组控制面。第一组位于弹体后部，4 片对称安装，径向长度较大，前端有切角，翼展不大。第二组位于弹体前部，体积较小，呈方形。头部有激光束接收窗口，透明，可见内部装置。

AGM-114"地狱火"导弹前侧方特写

美国/以色列 AGM-142 "突眼" 空对地导弹

AGM-142 "突眼" 导弹是以色列拉斐尔公司为装备以色列空军 F-4 战斗机而研制的一款中程空对地导弹。

研发历史

20 世纪 80 年代初,为满足以色列空军关于提供一种防区外攻击坚固设防目标的电视制导空对地导弹的要求,以色列拉斐尔公司开始研制 AGM-142 "突眼" 导弹。在美国空军服役的该弹已纳入美军编制系列,并给予其美军

基本参数	
长度	4.82 米
直径	0.533 米
翼展	1.98 米
重量	1360 千克
速度	0.73 马赫
有效射程	80 千米

编号——AGM-142,由美国洛克希德·马丁公司作为第二主承包商,负责生产和销售。

F-111 战斗机挂载的 AGM-142 "突眼" 导弹

⫸ 弹体构造

　　AGM-142 "突眼" 导弹采用独特的正常式气动外形布局。弹体内部采用模块化舱段结构，从前到后分为 5 个舱段，即前舱、制导控制舱、战斗部舱、发动机舱和尾舱。前舱内装可互换的电视或红外成像导引头。制导控制舱内装惯导系统、数据处理计算机和电源。战斗部舱内装爆破型和半穿甲爆破型战斗部，配用触发延时引信和近炸引信。发动机舱内装两级推力固体火箭发动机。尾舱内装机电式伺服装置和控制舵机，在尾喷口下方装有由天线罩、接收机、发射机和双向线路组成的中段指令修正用的数据链系统。

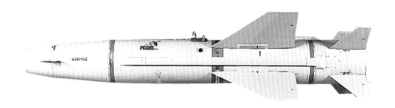

AGM-142 "突眼" 导弹示意图

性能解析

AGM-142"突眼"导弹主要可用于攻击严密设防的坚固目标，如机场、桥梁、地下掩蔽部等。

挂载有 AGM-142"突眼"导弹的 F-4 战斗机

服役记录

1990—1991 年以色列向美国空军交付 86 枚 AGM-142 "突眼"导弹和 4 个电视制导吊舱。1991 年 B-52 轰炸机首次在海湾战争中使用该弹。

该型导弹除装备以色列和美国空军外，还向澳大利亚、土耳其、英国等国家出口。

装备 AGM-142 "突眼" 导弹的 F-4 战斗机群

10 秒速识

AGM-142 采用独特的正常式气动外形布局，两片鸭式稳定小前翼位于头部两侧水平面，4 片前缘后掠切梢三角形稳定弹翼位于弹体中部稍后处，4 片前缘后掠切梢三角形控制舵面位于弹体尾部。弹翼和尾舵呈 X 形配置，处于同一平面，鸭式前翼处于水平面。弹体头部带半圆形玻璃整流罩，两侧各有 1 个内装各舱段电气连接导线的长边条，尾部在发动机喷管下方装有后视数据链使用的雷达天线整流罩。

AGM-142 "突眼" 导弹前侧方特写

美国 AGM-154 联合空对地防区外导弹

　　AGM-154 联合防区外导弹是美国海军和空军共同开发的主要用于打击防空设施的一款中程空对地导弹。

研发历史

　　AGM-154 导弹的研发工作始于 1992 年，是一种新型防区外打击武器，由德克萨斯仪器公司作为主承包商。该导弹在 1995 年开始进行试验，于 1998 年 2 月投入生产并服役。

基本参数	
长度	4.1 米
直径	3.3 米
翼展	2.7 米
重量	497 千克
有效射程	380 千米

F-16 战斗机发射 AGM-154 导弹

弹体构造

AGM-154 导弹采用模块化设计，弹体结构具有一定的隐身性能，在此基础上加装了不同形式的弹翼和控制舵面，采用不同类型的发动机，使其形成一个具有不同性能水平的防区外发射武器家族。

AGM-154 导弹示意图

性能解析

AGM-154 导弹具有射程远、杀伤力大、"发射后不管"等特点，子弹药为末敏弹，能自行寻的攻击，而且其杀伤面积也较大。

携带两枚 AGM-154 导弹的 F-35 战斗机

服役记录

　　1999 年 1 月 24 日，美国海军 1 架 F/A-18 战斗机在伊拉克发射了 1 枚 AGM-154 导弹，攻击伊军 1 个防空设施，首次投入实战便获得成功。科索沃战争中 AGM-154 导弹也投入了使用。

士兵正在为战机装载 AGM-54 导弹

衍生型号

型 号	特 点
AGM-154A	基本型，主要供海军使用
AGM-154B	改进型，主要供空军使用
AGM-154C	改进型，主要供海军使用

AGM-54 导弹侧面特写

10 秒速识

AGM-154 导弹弹体头部为锥形、中部为箱形，至弹体后部，主尺寸逐渐收缩。弹尾翼 6 片，呈花瓣形排列，整体似一艘缩小的潜艇。基本型采用上单翼，位于弹体中部，载机悬挂飞行时向后折叠，自由飞行时向前展开；尾翼装置为 4 片 X 形翼面加两片一字形翼面。

挂于机翼上的 AGM-54 导弹

美国 AGM-158 联合空对地防区外导弹

AGM-158 联合空对地防区外导弹是美国洛克希德·马丁公司研制的一款空射巡航导弹。

研发历史

AGM-158 导弹是洛克希德·马丁公司在 1994 年 AGM-137 "三军防区外攻击导弹" 计划被取消后，为美国空军和美国海军研制的新一代通用防区外空对地导弹。该导弹从 1995 年开始发展，但被一些测试阶段中出现

基本参数	
长度	4.27 米
直径	0.4 米
翼展	2.4 米
重量	1021 千克
速度	0.8 马赫
有效射程	1000 千米

的问题拖延了时间，直到 2009 年才开始服役。除了标准版本外，扩展射程后的 AGM-158B 导弹（JASSM-ER 型）已于 2014 年服役。

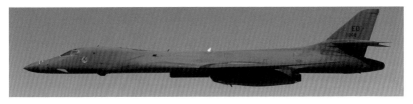

B-1 轰炸机正在发射 AGM-158 导弹

弹体构造

AGM-158 导弹采用涡轮喷射发动机，可使用爆破杀伤弹和穿甲弹等多种类型的战斗部，采用惯性制导加 GPS 中端制导与红外成像末端制导，并可进行攻击效果评定。该导弹加装了抗干扰模块，能在对 GPS 干扰的环境下使用，并大量采用隐身技术，具有昼夜全天候作战能力。

AGM-158 导弹示意图

性能解析

AGM-158 导弹是目前最先进的巡航导弹之一，具有精确打击和隐身突防能力，可攻击固定和移动目标，并具有大面积杀伤能力。该导弹精确的制导能力足以摧毁高价值目标，而无须飞机驾驶员去冒飞过目标区凌空轰炸的风险。同时导弹弹体采用了隐身设计技术，不易被敌方防空火力拦截。

F-16 战斗机发射 AGM-158 导弹

▍▍▍▶ 服役记录

洛克希德·马丁公司从 2004 年 5 月开始扩大生产规模，每月生产 8 枚，最终增加到 40 枚。美国空军计划购买 4900 枚，海军则从 2007 年起首批购买 453 枚。

随着美国的战略重点由中东转向太平洋地区，考虑到这一地区存在着强大的防御能力，B–1B 轰炸机与 AGM–158 系列导弹的搭配将为作战指挥官们提供一种最优选择。除了基本型 AGM–158 导弹，AGM–158B 导弹也将配装 B–2、B–52 轰炸机，以及 F–15、F–16 战斗机。

▍▍▍▶ 10 秒速识

AGM–158 联合空对地防区外导弹重约 1021 千克，具有隐身、远程、精确和通用等 21 世纪武器装备的基本特征。

挂于战机上的 AGM-158 导弹

美国 GBU-28 "碉堡克星" 空对地导弹

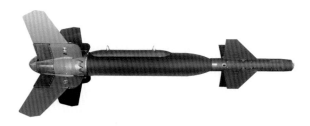

GBU-28 "碉堡克星" 导弹是一款由战机激光导引的空对地炸弹。

研发历史

1991 年 1 月，随着"沙漠风暴"计划开始实施，美军认为 BLU-109 对加固掩体的摧毁力不足。由于要在短时间取得合乎需求的炸弹弹体，技术人员只得就地取材。第一批 GBU-28 是用改装的 203 毫米火炮炮管（主要来自停用的 M110 榴弹

基本参数	
长度	7.6 米
直径	0.356 米
翼展	1.7 米
重量	2268 千克
速度	0.29 马赫
有效射程	9 千米

炮）制造的。海湾战争期间，美国共生产了 30 枚这种炸弹。之后美军专门拨出 1840 万美元，计划对其进行改进，并制造 161 枚这种硬目标钻地炸弹。1995 年，改进后的炸弹被正式命名为 GBU-28。

F-15E 战斗机投射 GBU-28 "碉堡克星" 空对地导弹

弹体构造

GBU-28 最初是将报废的 203 毫米自行火炮炮管切段当作弹壳、装上导引头和弹翼之类的零件组装而成。先将弹壳内壁涂上一层隔热材料，然后将炸药加热融化倒入桶中、由穿上防爆服的技术人员列队以人工传递方式小心地向弹体内灌入炸药。改进型号的 GBU-28 弹头则更换为 BLU-122，以埃格林钢特制加工，填充爆裂物更换为 PBX 炸药 AFX-757，另外还增加了 GPS 制导系统辅助导引。

装载于机身底部的 GBU-28 "碉堡克星" 空对地导弹

性能解析

GBU-28 有智能化的引信，引信的核心部件是微型固态加速计。该加速计可随时将炸弹钻地过程中的有关数值与内装程序进行比较，以确定钻地深度。当炸弹碰到地下掩体时，会自动记录穿过的掩体层数，直到到达指定掩体层后才会爆炸。GBU-28 能钻入地下 6 米深的加固混凝土建筑物或 30 米深的地下土层。

F-111F 战斗机挂载的 GBU-28 "碉堡克星" 空对地导弹

服役记录

1991 年 1 月 24 日，1 架隶属于 341 测试中队的 F–111F 战机对 GBU–28 进行实际投掷测试，结果评估是它能穿透 50 米厚的土壤或 5 米厚的钢筋混凝土。这也使 GBU–28 成为美国空军炸弹中"实战部署前最少投掷测试次数"记录的保持者。2001 年 10 月 10 日，美军首次在阿富汗投下这种炸弹。

10 秒速识

早期的 GBU–28 导弹配合炮管直立浇灌液化炸药，当时的技术人员戏称其为"深喉咙"。后来的 GBU–28 不再使用炮管制造弹体，弹头为 BLU–113。

士兵将 GBU-28 安装在机身上

GBU-28 导弹进行性能测试

俄罗斯 9K121 "旋风" 空对地导弹

9K121 "旋风" 是由俄罗斯 KBP 仪器设计局所研发的空对地导弹。

▓▓▓▶ 研发历史

9K121 "旋风" 导弹最初是作为美国 AGM-114 "地狱火" 的对应武器而研发的。1980 年，KBP 仪器设计局开始其研发工作。1985 年，第一批原型准备部署。1992 年，9K121 "旋风" 在范堡罗航展上首度公开展示。2014 年开始批量生产；2015 年，第一批成品交付给俄罗斯军队。

基本参数	
长度	2.8 米
直径	0.13 米
翼展	0.38 米
重量	45 千克
速度	1.8 马赫
有效射程	10 千米

挂在机翼下的 9K121 "旋风" 空对地导弹

弹体构造

9K121 "旋风"导弹是由 1 枚装有近炸及接触引信、空气动力致动器、电子控制装置、电动机和激光探测器的串联式高爆反坦克破片弹头所组成。它被保存在密封的发射及运输容器内。它的弹头由两级高爆破甲弹头和附加式破片套所组成，因而可以用来对付装甲、空降和表面 3 种目标。与 AGM-114 "地狱火"不同，9K121 "旋风"采用激光乘波制导。这个激光束控制系统会将各项数据传输给正在推进过程当中的导弹弹体，并且进行精确的制导，让导弹在飞行过程中保持在激光束以内。其导弹控制系统也具有较为高超的抗热诱饵弹与雷达干扰能力，因为它的信号接收器位于导弹的尾部、面向信号发出雷达，从而可以保护它免受干扰信号的干扰。

搭载 9K121 "旋风"空对地导弹的卡 -52 直升机

性能解析

9K121 "旋风"导弹旨在打击重要的地面目标，其中包括配备了内置式和附加式爆炸反应装甲的装甲目标，从直升机上发射时的射程最少可达 8000 米、固定翼飞机发射时可达 10000 米，而夜间时从两者发射时都降至 5000 米。9K121 "旋风"可以单独或成对发射。导弹以超音速飞行，这种高飞行速度使其能够迅速打击目标，相应地增强其生存性。

服役记录

9K121 "旋风"空对地导弹目前仅在俄罗斯军队中服役，被广泛部署在武装直升机和攻击机上。

9K121"旋风"空对地导弹侧方特写

衍生型号

型　号	特　点
9K121M"旋风–M"	现代化型号，2012 年起的主要量产版本
9K121K"旋风–K"	海军版本，可以从水上飞机和军舰发射

10 秒速识

　　9K121 "旋风"导弹存放在一根玻璃钢强化塑料管当中，导弹顶部是其近炸引信，火箭发动机的喷嘴位于导弹的左右两侧。

9K121"旋风"空对地导弹正面特写

法国 ASMP-A 空对地导弹

ASMP-A 导弹是法国研制的一款战略和战术两用空对地巡航导弹。

研发历史

ASMP 导弹于 1976 年开始制定研发计划，于 1978 年正式研发，用以取代原先由"幻影 IV"式轰炸机投掷的 AN-22 和"超级军旗"攻击机投掷的 AN-52 自由落体核弹。1987 年，法国军方继续改良 ASMP 导弹，但最终只有 ASMP-A 得以采用。ASMP-A 开发始于 1996 年，于 2005 年 10 月首度由"戴高乐"号航空母舰上的"阵风"战斗机进行挂载测试，到 2006 年 1 月由"幻影 2000N-K3"试射，2008 年起开始于法国海空军中服役。

基本参数	
长度	5.38 米
直径	0.38 米
翼展	0.96 米
重量	860 千克
速度	3 马赫
有效射程	500 千米

挂于机翼内侧的 ASMP-A 导弹

弹体构造

ASMP-A 与 ASMP 外形设计类似，采用无翼气动布局，设有在飞行中起操纵和稳定导弹作用的十字形全动弹翼，这种较平的横剖面气动外形布局和结构设计增强了导弹的升力和机动能力，因而无需采用弹翼。ASMP-A 导弹的发动机为整体式火箭—冲压喷气发动机，配以热核战斗部。

ASMP-A 导弹示意图

性能解析

与 ASMP 导弹相比，ASMP-A 导弹射程大大增加，可达到 500 千米，能进行超声速巡航飞行。ASMP-A 导弹有多种弹道可供选择，以提高突防能力。

服役记录

ASMP 导弹 1986 年 5 月开始服役。其改进型 ASMP-A 导弹于 1997 年开始研发，并在 2009 年 10 月装备法国空军。

"阵风"战斗机挂载的 ASMP-A 导弹（机翼内侧）

10 秒速识

　　ASMP–A 弹体主要采用不锈钢和钛合金制成，能承受 350℃的气动加热，其表面涂有吸波涂层，对内部结构和电子设备具有防核爆加固作用。

ASMP-A 导弹前方特写

英国"硫黄石"空对地导弹

"硫黄石"导弹是英国MBDA公司1996年研制的一款空对地导弹。

研发历史

20世纪90年代后期,英国MBDA公司在"地狱火"导弹的基础上开始研制"硫黄石"导弹。该导弹最初被用来对付敌人装甲部队的大规模编队。2003年10月成功对其进行了空中发射试验。

基本参数	
长度	1.8米
直径	0.178米
重量	48.5千克
速度	1.3马赫
有效射程	12千米

2013年12月到2014年1月,"硫黄石"导弹开始进行实弹测试,此次测试结果实现了英国海军的所有优先和次优先目标。

挂载于"狂风"战斗机上的"硫黄石"导弹(机翼内侧)

弹体构造

　　"硫黄石"导弹系统由发射器和3枚导弹组成,采用毫米波雷达导引头,在导弹发射后利用惯性导航系统引导导弹飞向目标,然后通过毫米波雷达导引头进行搜索,锁定目标后发起攻击。

"硫黄石"导弹示意图

性能解析

　　"硫黄石"导弹不但能从直升机上发射,还能从高速战斗机上发射,具备齐射能力。对于以直线队列在公路上行进的坦克群,导弹按同一路径飞行,在不同距离处向下俯冲,而如果坦克分散在野外,导弹则可按不同路径飞行。

从直升机上发射的"硫黄石"导弹

▶ 服役记录

　　2008 年，英国空军首次将"硫黄石"导弹部署在伊拉克战场，2009 年将其投入阿富汗战场。之后在利比亚战争中也出现过"硫黄石"导弹的身影，"硫黄石"导弹在多次战争中的实战表现，证明了其优秀的作战性能。

装备在无人机上的"硫黄石"导弹

▌▌▌◆ 10秒速识

　　"硫黄石"导弹头部配有毫米波雷达导引头天线罩，后部为固体燃料发动机，其体积、重量类似于"地狱火"导弹。

挂载于战机上的"硫黄石"导弹

Chapter 04

地对地导弹

　　二战后，为适应新的战场形势的发展和变化，各国开始积极研制各种地对地导弹。到目前为止，地对地导弹不仅种类繁多，而且装备数量大。地对地导弹具有射程远、威力大、精度高等特点，是地面武器的重要组成部分。

美国 MGM-140 陆军战术导弹

MGM-140 是美国陆军最先进的近程、单弹头地对地弹道导弹之一。

研发历史

　　MGM-140 导弹由美国陆军于 1986 年开始研制，是一种全天候半制导半弹道式的第三代地对地战术导弹武器系统，1990 年装备部队，主要用于攻击敌方后续部队的装甲集群、机场、运输队和地空导弹发射基地等大型目标。

基本参数	
长度	4 米
直径	0.61 米
翼展	1.4 米
重量	1670 千克
速度	3 马赫
有效射程	50 千米

发射中的 MGM-140 导弹

弹体构造

　　MGM-140 导弹可以使用美军装备的 M270 式多管箭炮发射，两个发射箱各装一枚。导弹的装运箱可快速拆卸。发射时，无需另外的操作员、发射架和其他设施，可以将其看作另一型号的火箭弹。MGM-140 导弹采用固体火箭发动机，这种火箭发动机的显著特点是便于维护。

MGM-140 陆军战术导弹示意图

性能解析

MGM-140 导弹的命中精度为 50 米，主要用于打击纵深集结部队、装甲车辆、导弹发射阵地和指挥中心等，可携带轻型装备、反装甲、反硬目标、布撒地雷、反前沿机场和跑道等 6 种战斗部，能提供强大的火力支援。

MGM-140 导弹发射车

衍生型号

型 号	特 点
MGM–140A	"半弹道"式，采用惯性制导，内装 M74 双用途子母弹
MGM–140B	MGM–140A 的增程型，射程比 A 型提高 1 倍
MGM–164	采用全球定位系统辅助的惯性导弹系统
MGM–168	携带 6 枚 BAT 集束弹，采用毫米波 / 红外双模导引头

MGM-140 陆军战术导弹

服役记录

MGM–140 陆军战术导弹在海湾战争中首次投入实战。美军共发射了 30 枚，所有受到攻击的目标都被摧毁或丧失了战斗能力。使用中，由于制导信息未及时输入，9 次射击中 7 次没有成功。改进后，可在发现目标后 10 分钟内实施打击。

发射中的 MGM-140 导弹

10 秒速识

MGM—140 陆军战术导弹系统采用 M270 多管火箭炮发射车发射，发射 / 运载箱外形与装 6 发火箭弹的箱体相同。其弹体短粗，弹尾一组控制面，共 4 片，形状特殊，前后像均后掠，后缘的翼尖有切角，整体呈不规则五边形。

美国 LGM-30 "民兵" 弹道导弹

LGM-30 "民兵" 导弹是美国波音公司研制的洲际弹道导弹之一，是当前美国陆基核力量的主力。

研发历史

"民兵" 弹道导弹有多种型号，最先问世的是固体燃料导弹 "民兵" I 型，该型导弹是一种固态燃料陆基洲际弹道导弹，其后又推出了 "民兵" II 型和 "民兵" III 型。"民兵" I 型导弹在 1958 年年底开始研制，1962 年正式服役。至 1965 年 6 月，"民兵" I 型共有 800 枚装备美国空军。

基本参数	
长度	1.82 米
直径	1.7 米
重量	35300 千克
速度	23 马赫
有效射程	13000 千米

"民兵" II 型导弹于 1964 年 9 月完成第一次升空试验。

发射中的"民兵"导弹

弹体构造

　　"民兵" I 型导弹使用固态燃料，而之前的同类型导弹全部使用液态燃料。"民兵" II 型导弹在长度与吨位上都比"民兵" I 型导弹更大，改良过的第二节推进火箭更延长了其射程。"民兵" III 型导弹引进了一种新的第三节推进火箭，比"民兵" II 型导弹更粗。

"民兵"导弹示意图

性能解析

　　"民兵"Ⅲ型导弹已成为美国唯一的陆基可携带核弹头的洲际弹道导弹，是维持美国"三位一体"战略核威慑的陆基支柱。为了在洲际导弹数量减少的前提下保持自身的战略威慑效力，美军仍在对"民兵"Ⅲ型导弹进行升级，以提升该导弹的安全性和打击精确度。

"民兵"导弹前侧方特写

服役记录

LGM-30"民兵"弹道导弹于1970年开始装备美国空军，1975年完成550枚的部署任务，1978年11月结束生产。截至2021年，"民兵"弹道导弹仅剩下Ⅲ型仍在服役。

在弗朗西斯·E·沃伦空军基地的"民兵"导弹

衍生型号

型号	特点
"民兵"Ⅰ型	美国第二代战略导弹
"民兵"Ⅱ型	三级固体燃料单弹头洲际弹道导弹
"民兵"Ⅲ型	美国第三代战略导弹

"民兵"Ⅲ型导弹发射瞬间

10 秒速识

目前在役的"民兵"Ⅲ型弹道导弹采用 NS-20 全惯性制导式子弹头，每个母弹内安装 3 枚子弹头，导弹动力装置为三级固体火箭发动机。

运输中的"民兵"导弹

俄罗斯 OTR-21 "圆点" 地对地导弹

OTR-2 1 "圆点" 导弹是苏联研发的近程地对地战术弹道导弹，北约代号为 SS-21 "圣甲虫"。

研发历史

OTR-2 1 "圆点" 是机动发射式地对地战术导弹，可分为初创型和改进型，于 20 世纪 60 年代末期开始研发，初创型 1976 年服役，改进型于 20 世纪 80 年代末开始服役。

基本参数	
长度	6.4 米
直径	0.65 米
翼展	1.45 米
重量	2010 千克
速度	5.3 马赫
有效射程	185 千米

OTR-21 "圆点" 地对地导弹系统参加阅兵式

弹体构造

OTR-21"圆点"导弹装备有数字式计算器和自主式惯性控制系统，尾部有空气动力舵。导弹可以使用常规弹头、核弹头、化学弹头、末端制导弹头或子母弹弹头。

OTR-21"圆点"导弹模型图

性能解析

OTR-21"圆点"导弹主要可用于攻击敌方纵深的导弹发射架、地面侦察设备、指挥所、机场、弹药库、燃料库等重要目标，还可攻击重要的防空导弹系统，压制敌方防空火力。

行进中的 OTR-21"圆点"导弹系统

10 秒速识

  OTR-21"圆点"导弹弹体不长，采用两组控制面。第一组在弹体尾端，4 片为网格式尾翼，翼面垂直于弹体轴线。第二组在弹体后部，体积大于第一组，翼弦较长，前缘后掠，后缘平直。

OTR-21"圆点"导弹侧面特写

俄罗斯 OTR-23 "奥卡"地对地导弹

OTR-23 "奥卡"地对地导弹是苏联于 20 世纪 80 年代研制的一款近程地对地战术导弹，北约代号为 SS-23 "蜘蛛"。

研发历史

OTR-23 "奥卡"导弹是苏联于 20 世纪 80 年代制成的第三代地对地战术导弹。在研制 OTR-23 导弹时，苏军的战略思想已经发生了重大变化，强调不仅要打核大战，又要打常规战争，尤其重视提高炮兵在常规战争中攻击纵深目标的能力。

基本参数	
长度	7.53 米
直径	0.89 米
翼展	1.2 米
重量	4360 千克
速度	8.6 马赫
有效射程	500 千米

OTR-23 "奥卡"导弹前侧方特写

弹体构造

OTR–23"奥卡"导弹采用先进的固体燃料火箭发动机，为了提高对远距离目标的射击精度，"奥卡"导弹还采用了先进的惯性制导技术，使它的偏差距离减小到350米以内。该型导弹采用第三代大型轮式车作为运输兼发射车，在长长的车体后部有两个长方形的发射箱，每个箱内存放一枚导弹。

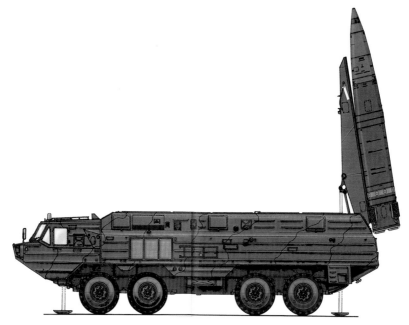

OTR-23"奥卡"导弹系统示意图

性能解析

OTR–23"奥卡"导弹不仅可用于打击战场上的战术目标，还可用来打击战役范围内的纵深目标。OTR–23"奥卡"导弹的发射车看上去就像普通的军用运输车，既可以隐蔽自己，免遭敌人意外袭击，又可以保护导弹，免受战场尘土侵袭，有利于日常维护保养。

保存在博物馆中的 OTR-23 "奥卡" 导弹

服役记录

　　OTR-23 "奥卡" 导弹原计划部署 250 枚，但是美国、苏联签订的《中程核武器条约》规定不得部署和生产射程 500 千米以上的核武器，因此 "奥卡" 导弹在部署 167 枚之后停止装备。

OTR-23 "奥卡" 导弹特写

　　OTR–23 "奥卡" 导弹发射车的前段有弧形的船体外形，车体后方还设有水上推进装置，车体的舱门和开口均设在水线以上，车体体积较大。

OTR-23 "奥卡" 导弹及发射车

俄罗斯 RT-2PM "白杨" 导弹

RT-2PM "白杨" 导弹是苏联研制的世界上第一种以公路机动部署为主的洲际弹道导弹，北约代号为 SS-25 "镰刀"。

研发历史

RT-2PM "白杨" 弹道导弹的研究工作于 1975 年在莫斯科热力研究所开始立项，1982 年 10 月开始研制，到 1987 年 12 月完成，先后共进行了 23 次飞行试验，1983 年 2 月和 5 月的两次飞行试验均获得成功。

基本参数	
长度	29.5 米
直径	1.8 米
圆概率误差	260 米
重量	45100 千克
速度	21 马赫
有效射程	10000 千米

RT-2PM "白杨" 导弹前侧方特写

弹体构造

RT-2PM"白杨"导弹采用三级固体火箭发动机，在地下发射井可进行热发射，在地面可用轮式车辆在预先准备好的公路上实施机动发射。导弹平时贮存在带有倾斜屋顶的房子里，接到命令后由发射车将导弹运送至野外发射阵地发射，紧急情况下可打开房顶盖，直接从房子里将导弹起竖发射。

RT-2PM"白杨"导弹示意图

性能解析

RT-2PM 导弹飞行速度非常快，并能机动变轨飞行，具有很强的突防能力。不过由于三用发射车设计复杂，"白杨"导弹公路机动发射系统用于作战不仅代价昂贵，操作和维护保养费用也很高。

RT-2PM"白杨"导弹参加莫斯科 2008 年胜利日周年阅兵练习

服役记录

1985 年年初，最早的 18 枚 RT–2PM 洲际弹道导弹完成部署，其设计服役期为 10 年。RT–2PM 是俄罗斯 21 世纪初将要继续保留的战略核武器。截至 2020 年 3 月，俄罗斯共有 36 枚公路机动 RT–2PM 弹道导弹部署在第 35 战略火箭师和第 7 战略火箭师。

RT-2PM "白杨" 导弹侧面特写

10 秒速识

RT–2PM 导弹的发射车大多是大型的 10 车轮型车辆，导弹装在发射管并放置在载具上，前后有锁链相连，在进行发射时液压装置便可将发射管推成直角。

RT-2PM "白杨" 导弹前侧方特写

俄罗斯 RT–2PM2 "白杨" M 弹道导弹

RT–2PM2 "白杨" M 导弹是俄罗斯在 RT–2PM "白杨" 导弹基础上改进而来的洲际弹道导弹，北约代号为 SS–27 "镰刀" B。

研发历史

RT–2PM2 "白杨" M 导弹的研制工作始于 20 世纪 80 年代后期，它是 RT–2PM "白杨" 导弹的改进型。1994 年 12 月 20 日，RT–2PM "白杨" M 导弹进行了首次试射，原计划进行 7 次试射，实际上只进行了 4 次。

基本参数	
长度	22.7 米
直径	1.9 米
圆概率误差	200 米
重量	47200 千克
速度	22 马赫
有效射程	11000 千米

1997 年 7 月 8 日，在普列谢茨夫靶场 "白杨" M 导弹进行了第 4 次发射试验，也是定型前的最后一次发射。"白杨" M 导弹系统是俄罗斯导弹制造史上第一种自行研制和生产的弹道导弹系统。

RT-2PM2 "白杨" M 弹道导弹前侧方特写

弹体构造

RT–2PM2 弹道导弹推进系统的显著特点是各级发动机的直径均比 RT–2PM 弹道导弹发动机大，采用新的推力向量控制技术。其制导系统与 RT–2PM 弹道导弹一样，为计算机控制的惯性制导或自动控制惯性制导。RT–2PM2 弹道导弹有两种发射方式，即公路机动发射和地下井发射。公路机动发射时，导弹借助火药蓄压器从运输发射筒发射。井下部署可以利用原有发射井，并可与现有的作战指挥和通信系统兼容。

RT-2PM2"白杨"M 弹道导弹示意图

性能解析

RT–2PM2 弹道导弹可依靠 MAZ–7310 运输车进行移动，并且在空中能够改变飞行轨迹。RT–2PM2 首次使用的 3 台巡航固体燃料发动机功率强大，不仅可增加导弹战斗部的重量，也使导弹能够比其他俄制导弹以更快的速度飞行，大大缩减导弹在轨迹主动段中的时间和高度。此外，数十台辅助发动机、操纵仪表和其他设备使导弹在快速飞行中很难被敌方监测到。

RT-2PM2 "白杨" M 弹道导弹前方特写

服役记录

1998 年 12 月 30 日，俄罗斯第一个 RT–2PM2" 白杨 "M 导弹团（10 枚，地下井式发射）部署完毕，并开始担负战略值班任务。1999 年 12 月上旬，俄罗斯随即部署了第二个 RT–2PM2" 白杨 "M 导弹团。截至 2015 年，俄罗斯实际只部署了 60 枚地下发射井 RT–2PM2 弹道导弹，18 枚公路机动 RT–2PM2 弹道导弹。

RT-2PM2"白杨"M 弹道导弹后方特写

▶ 10 秒速识

　　RT–2PM2 弹道导弹是单弹头导弹，但在投掷重量和其他相关技术上留有改装为多弹头分导式导弹的接口，弹头采用了多层壳体结构，表面覆盖特殊材料，以防止拦截导弹的核辐射、电磁辐射。

阅兵式上的 RT-2PM2"白杨"M 弹道导弹

俄罗斯 RS-24 洲际弹道导弹

RS-24 弹道导弹是俄罗斯研发的一款多弹头洲际弹道导弹。

研发历史

RS-24 弹道导弹由莫斯科热工研究所在 RT-2PM2 弹道导弹的基础上研发而成。2007 年 5 月 29 日，RS-24 弹道导弹进行了首次试验，由俄罗斯西北部的普列谢茨克发射，并在俄罗斯远东地区堪察加的库拉靶场

基本参数	
长度	22.7 米
直径	1.9 米
圆概率误差	200 米
重量	47200 千克
速度	22 马赫
有效射程	11000 千米

击中目标。2008 年，在普列谢茨克航天中心进行两次发射试验。2015 年在俄罗斯纪念二战胜利 70 周年阅兵中首次对外展示。

阅兵式上的 RS-24 洲际弹道导弹

弹体构造

RS-24 弹道导弹安装了布拉瓦洲际弹道导弹的附加助推装置和分导式弹头，由于配备固体燃料发动机，因此加速段速度更快，反应时间更短。RS-24 弹道导弹采用格洛纳斯卫星导航系统和惯性制导，运载及发射方式主要分为固定式和移动式两种。固定式部署在导弹发射井内，而移动式发射使用 MZKT-79221 通用型 16 轮运输车移动发射。

性能解析

RS-24 弹道导弹继承了 RT-2PM2 弹道导弹的弹道变化和机动变轨能力，同时采用了其他新型突防技术，可以令反导系统中的光电探测设备或引导控制系统失效，具有较强的抗干扰能力和良好的飞行稳定性，能够穿透高度保护的目标，降低其被反导系统成功拦截的概率。

RS-24 洲际弹道导弹前侧方特写

服役记录

2009 年 3 月 17 日，俄罗斯战略火箭兵的一个团开始装备 RS-24 弹道导弹。2014 年 12 月，俄罗斯战略导弹部队司令谢尔盖·卡拉卡耶夫表示，俄罗斯战略导弹部队将在 2015 年获得 24 枚 RS－24 弹道导弹。到 2020

年年底，俄罗斯战略火箭兵已拥有 100~110 套 RS－24 洲际弹道导弹（多数为机动式）。

10 秒速识

RS-24 导弹采用分导式弹头，其运输车有两个驾驶室，分别布置在弹体及发动机的左面和右面，两个独立的驾驶室采用玻璃纤维制作，左边的驾驶室有两个座位，右边的驾驶室有一个座位。轿厢内的设备包括一套过滤和通风系统及加热器、通信设施和换气系统。

俄罗斯9K720"伊斯坎德尔"弹道导弹

　　9K720"伊斯坎德尔"导弹是俄罗斯研发的一款短程地对地战术弹道导弹，北约代号为SS-26"石头"。

研发历史

　　9K720"伊斯坎德尔"导弹的研制工作始于20世纪末，由俄罗斯机械制造设计局负责设计工作。2005年，"伊斯坎德尔"导弹设计定型并开始批量生产，主要用于摧毁敌方火力打击系统、防空系统、反导系统、机场和指挥所等点状目标和面状目标。

基本参数	
长度	7.3米
直径	0.92米
弹头重量	700千克
重量	3800千克
速度	6.2马赫
有效射程	500千米

"伊斯坎德尔"弹道导弹后方特写

弹体构造

　　"伊斯坎德尔"导弹系统由导弹、发射车、装填运输车、指挥车、情报信息处理车、技术勤务保障车以及成套训练设备组成。"伊斯坎德尔"弹道导弹目前部署有3种常规弹头，即子母集束弹（由54枚子弹组成）、钻地弹和破片杀伤弹。"伊斯坎德尔"导弹采用惯性和图像匹配相结合的制导系统，图像匹配制导系统通常可用于修正惯性制导在中段和末段的制导误差。

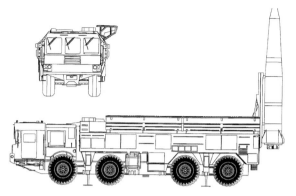

9K720"伊斯坎德尔"弹道导弹示意图

性能解析

9K720"伊斯坎德尔"弹道导弹是俄罗斯新一代战术弹道导弹武器系统，导弹抗干扰和突防能力强，并具有对付反导系统的能力。

发射中的"伊斯坎德尔"弹道导弹

服役记录

2006 年，"伊斯坎德尔"导弹正式服役。除了俄罗斯本国使用外，还出口到了亚美尼亚。

行进中的 9K720 "伊斯坎德尔"弹道导弹系统

10 秒速识

9K720 "伊斯坎德尔"弹道导弹为单级、固体燃料，可全程制导导弹，1 个典型的"伊斯坎德尔"导弹连包括 2 辆运输发射车、2 辆装弹车、2 辆指挥与控制车、2 辆任务计划车、1 辆维护车、1 辆战勤人员居住车。

9K720 "伊斯坎德尔"弹道导弹前侧方特写

印度"烈火"Ⅱ型地对地导弹

"烈火"Ⅱ型地对地导弹是"烈火"系列弹道导弹中的第二种型号。

研发历史

"烈火"Ⅱ型导弹是印度陆军"烈火"系列弹道导弹中的重要型号。该型导弹于1992年5月在昌迪普尔综合试验靶场首次试射，以失败而告终。此后，"烈火"Ⅱ型相继于1999年4月、2001年1月和2004年8月展开了多次试验，直到2012年8月才最终试射成功。

基本参数	
长度	21米
直径	1.3米
圆概率误差	40米
重量	16000千克
速度	12马赫
有效射程	3000千米

发射中的"烈火"Ⅱ型导弹

弹体构造

　　"烈火"Ⅱ型导弹采用惯性加 GPS 制导，命中精度约 40 米。该型导弹可采用铁路机动或公路机动两种方式发射，除了制导系统少量传感器需从欧洲国家进口外，其余部件均为国产。"烈火"Ⅱ型曾经衍生出许多型号版本，包括"烈火"ⅡMk2 型号，是"烈火"导弹系列的研发基础。

"烈火"Ⅱ型导弹示意图

性能解析

　　2009 年 11 月 23 日，"烈火"Ⅱ型导弹进行了首次夜间发射，准备验证其全天候实战能力，可惜第一级发动机分离后，导弹发生了不规则的震颤，致使导弹轨道异常宣告试验失败。此次试射失败，很可能是长径比过大的问题所导致的。

阅兵式上的"烈火"Ⅱ型导弹

服役记录

　　在 2012 年"烈火" II 型导弹试射成功之后，2014 年 11 月，开始在印度军队服役。

10 秒速识

　　"烈火" II 型为两级固体导弹，能携带常规弹头或核弹头。

印度"烈火"III型地对地导弹

"烈火"III型地对地导弹是印度"烈火"系列弹道导弹中的第三种型号。

研发历史

1994年2月，"烈火"III型导弹首次试射。2006年7月，印度军方在南部奥里萨邦的惠勒岛发射1枚"烈火"III型导弹，第二级没有按时脱落，发射后5分钟，飞行了1000千米（不到1/3射程）后跌落在印度洋中。2007年4月、

基本参数	
长度	17米
直径	2米
圆概率误差	40米
重量	22000千克
速度	17.6马赫
有效射程	5000千米

2008年5月和2010年2月，印度先后3次在惠勒岛成功试射"烈火"III型导弹，这次成功试射标志着印度已经具备较完备的核威慑能力。

印度阅兵式上的"烈火"III型导弹

弹体构造

"烈火"Ⅲ型导弹采用固体火箭推进，组装速度快，能在较短时间内进入发射状态，而且可以部署在铁路或公路机动发射平台上，不易被捕捉和摧毁，末端制导采用了光电制导或主动雷达制导。

性能解析

"烈火"Ⅲ型地对地导弹可携带600～1800千克的常规弹头或核弹头，据估计核弹头当量可达20万～30万吨，命中精度较高，"烈火"Ⅲ型因经过多番改良，因此各种版本的性能差异比较大。

发射中的"烈火"Ⅲ型导弹

10秒速识

"烈火"Ⅲ型地对地导弹总长约13米，分为两级固体推进导弹。该导弹的第一级和第二级均由先进的碳合成材料制成。

"烈火"Ⅲ型导弹在发射基地

印度"烈火"Ⅳ型地对地导弹

"烈火"Ⅳ型地对地导弹是印度"烈火"系列弹道导弹中的第四种型号。

 研发历史

"烈火"Ⅳ为印度"烈火"弹道导弹家族中的最新成员，是基于"烈火"Ⅱ型导弹的最新改进型。印度国防部在 2011 年 11 月 15 日早晨 9 点左右在奥里萨邦的试射场内成功试射了 1 枚可携带核弹头的"烈火"Ⅳ型弹道导弹。

基本参数	
长度	20 米
直径	1.3 米
圆概率误差	40 米
重量	17000 千克
速度	13 马赫
有效射程	4000 千米

发射中的"烈火"IV型导弹

▌▌▌▌▷ 弹体构造

　　"烈火"IV型导弹装备有印度最先进的航空电子设备、第五代机载计算机及分布式体系架构，具备修正干扰和引导自身飞行的最新功能。该导弹还装备了基于激光陀螺仪的惯性导航系统和高可靠冗余的微型导航系统，以确保该导弹能达到更高的精准度。此外，该导弹还装备有能经受4000℃高温的再入防热罩。

阅兵式上的"烈火"IV型导弹

性能解析

"烈火" IV 型导弹可运载 1.5 吨核弹头，包括单个核弹头或者 3 个分导式核弹头，能够对 3 个不同的战略目标实施威慑作战。相比之前的型号，"烈火" IV 型不仅射程更远，而且精度更高、重量更轻。

"烈火" IV 型导弹弹头特写

10 秒速识

"烈火" IV 型地对地导弹使用两级复合固体燃料推进，采用公路机动发射方式，第一级采用印度新研制的 1.3 米直径固体火箭发动机；第二级的壳体使用了碳纤维材料。

"烈火" IV 型导弹前侧方特写

Chapter 05
防空导弹

　　防空导弹是由地面、舰船或者潜艇发射，用以拦截空中目标的导弹，该型导弹的出现对防空体系的组成、防空战术产生了重要影响，从 20 世纪 40 年代防空导弹诞生至今，世界上的防空导弹已经研制了三代，并且正在研制第四代。

美国 MIM-72 "小檞树" 地对空导弹

MIM-72 "小檞树" 导弹是由美国研发的一种自走式地对空导弹系统。

研发历史

早期的 MIM-72 导弹是由美国海军使用的 AIM-9 "响尾蛇" 导弹改进而成，美国陆军航空及导弹司令部（MICOM）于 1965 年与罗拉尔公司签订合约后开始研发与制造，第一枚 MIM-72 "小檞树" 导弹于 1967 年运交美国陆军，第一套完整版系统则于 1969 年 5 月开始作战部署。

基本参数	
长度	2.9米
直径	1.27米
翼展	0.63米
重量	86千克
速度	1.5马赫
有效射程	9千米

车载式 MIM-72 "小檞树" 导弹系统

▌▌▌▶ 弹体构造

　　MIM-72"小檞树"导弹系统由导弹、发射架与 M730 履带车组成。整个系统在接获预警信号后，射手先行调整发射站的方位，以光学瞄准仪进行目视瞄准，等待导弹寻标器锁定目标。由于导弹寻标器的视轴与光学瞄准仪的十字瞄准线已整合为一，所以光学瞄准仪追瞄或锁定目标的动作等于导弹寻标器在追踪或锁定目标。不过，这种操作只适合日间接战，而且目标的追踪和锁定距离不能超过射手的目视追踪和搜索距离。

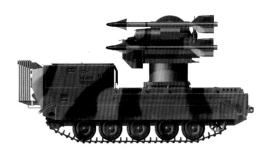

MIM-72"小檞树"导弹系统示意图

▌▌▌▶ 性能解析

　　MIM-72"小檞树"导弹结构简单，使用方便，训练容易，机动性好，有较强的抗干扰能力。不过 MIM-72"小檞树"只适用于晴朗的白天作战，不适合用于攻击直升机或位于掩蔽物后方的盘旋目标。

MIM-72"小檞树"导弹及发射装置

服役记录

　　MIM-72"小槲树"导弹是美国陆军研制的第二代地空导弹武器系统，1969 年开始装备美国部队，该导弹系统是美军师一级的主要防空武器。

美国陆军装备的"小槲树"地对空导弹系统

衍生型号

型 号	特 点
MIM-72A	由美国海军使用的 AIM-9D 导弹改进而成
MIM-72B	训练用
MIM-72C	第一代改良型，装有 AN/DAW-1B 全向位寻标器
MIM-72D	实验用导弹，量产前取消发展
MIM-72E	装用 M121 低排烟量火箭发动机
MIM-72F	采用 AN/DAW-1 寻标器
MIM-72G	第二代改良型，改用 AN/DAW-2 蔷薇花纹式扫描寻标器
MIM-72H	MIM-72F 的外销型
MIM-72J	MIM-72G 的降级外销型

MIM-72"小槲树"导弹后侧方特写

10 秒速识

　　MIM–72"小槲树"导弹的发射载体由 M113 装甲人员运输车衍生而来，其发动机舱及乘员舱位于车体前方，后方则装设 M54 导弹发射装置，多以防水帆布覆盖作为保护，车头两侧各有 1 组红外线灯。

MIM-72"小槲树"导弹前侧方特写

美国MIM-104"爱国者"地对空导弹

MIM-104"爱国者"地对空导弹是美国研制的一款全天候、全空域中程防空导弹武器系统。

研发历史

MIM-104"爱国者"导弹的研制计划始于1967年，是美国陆军为适应未来复杂的作战环境和不断变化发展的空中突击力量所造成的威胁而提出研制的。1970年美国首次对MIM-104进行试验，1982年研制成功，1984开始装备部队并服役，前后历时17年，共耗资20亿美元。

基本参数	
长度	5.8米
直径	0.41米
翼展	0.92米
重量	700千克
速度	4.1马赫
有效射程	160千米

MIM-104"爱国者"导弹测试基地

　　MIM–104"爱国者"防空导弹系统由导弹及发射装置、相控阵雷达、作战控制中心和电源等部分组成，全套系统被安装在 4 辆制式卡车和拖车上。MIM–104 采用单脉冲雷达导引头，模式化的数字式弹上制导设备、惯性加指令加 TVM 制导方式。

MIM-104"爱国者"导弹示意图

|||▶ 性能解析

　　MIM–104"爱国者"导弹是美国研制的第三代中远程、中高空地空导弹系统，能在电子干扰环境下拦截高、中、低空来袭的飞机或巡航导弹，也能拦截地对地战术导弹。它能对付多个目标，具备一定的抗毁和攻击能力。MIM–104"爱国者"导弹系统的自动化程度较高，一部相控阵雷达可以完成目标搜索、探测、跟踪、识别以及导弹的跟踪制导和反干扰任务，射击反应时间仅 15 秒。

MIM-104"爱国者"导弹进行试射

服役记录

　　MIM-104"爱国者"导弹系统在海湾战争中成功拦截了伊拉克军队发射的"飞毛腿"导弹，这是历史上首次在实战中成功拦截弹道导弹，因而MIM-104成为此次战争中美军的代表性武器之一。之后经多次升级，"爱国者"导弹成为美国战区导弹防御系统中负责末端中低层反导的重要组成部分。

MIM-104"爱国者"导弹侧面特写

衍生型号

型　号	特　点
MIM-104A	基础型号，只能拦截飞机，不具备反导功能
MIM-104B（PAC-1）	具有反战术弹道导弹的能力
MIM-104C（PAC-2）	对导弹引信和战斗部进行改进
MIM-104D/E/F（GEM）	制导增强型导弹
PAC-3	主要对雷达、通信系统进行改进，使用了洛克希德·马丁公司全新设计的拦截弹

MIM-104C（PAC-2）导弹

10 秒速识

MIM-104 "爱国者"导弹采用正常气动布局,头部呈尖卵形,没有弹翼,控制翼面呈十字形配置,位于弹体底端,前缘后掠,后缘平直。

部署在德国的 MIM-104 "爱国者"导弹

美国"萨德"反导系统

　　"萨德"反导系统是美国洛克希德·马丁公司研制的导弹拦截用导弹，全称为"战区高空防御导弹"（Terminal High Altitude Area Defense，THAAD）。

研发历史

　　"萨德"反导系统的研制计划于 1987 年提出，其目的是替代机动性较高但是拦截能力和止损能力都较弱的"爱国者"导弹。1990 年年初，美国陆军正式提出开发要求，1992 年 9 月完成竞标作业。研发工作由美国国防部弹道导弹防御局具体负责，其成果就是战区高空防御导弹。2008 年，"萨德"反导系统正式服役。

基本参数	
长度	6.17 米
直径	0.34 米
最大射高	150 千米
重量	900 千克
速度	8.2 马赫
有效射程	200 千米

发射中的"萨德"反导系统

弹体构造

　　"萨德"反导系统由拦截导弹及发射车、地基雷达、作战管理/指挥控制、通信、情报（BM/C3I）系统组成，拦截弹起飞后，先用惯性制导飞行，随后根据地面雷达传送来的经过修正的目标数据，对拦截弹进行中段飞行制导。当拦截弹到达目标空域后，动能杀伤拦截器与助推火箭分离，开始自主寻的飞行，通过直接撞击将目标摧毁。如果第一枚拦截弹未能拦截目标，可发射第二枚导弹进行拦截。

展览中的"萨德"反导系统

性能解析

　　"萨德"反导系统主要针对已经从大气层上方再次进入大气层、末端航程弹道导弹进行侦测并防御，同时也具有一般防空的能力，可以射击敌方军事飞机，在一定程度上已可以代替一般的地对空导弹。"萨德"反导系统采用动能直接碰撞杀伤模式摧毁来袭导弹或弹头目标，来袭的核、生、化弹头在受到拦截时不会发生爆炸，不会对美国防御地带造成威胁。

"萨德"反导系统发射轨迹

服役记录

　　2008 年 5 月 28 日，"萨德"反导系统在德克萨斯州布利斯堡成军，编入第 11 防空炮兵旅第 4 防空炮兵团下属之阿尔法营。该营编制有 24 枚战区高空防御导弹，配备 3 辆 M1120 HEMTT 所改造的导弹运输车、1 辆 AN/TPY-2 雷达运输车、1 辆指挥车；阿尔法营在 2009 年开始担负战备任务。

"萨德"反导系统一起发射

10 秒速识

　　"萨德"反导系统以发射车一组 10 枚导弹方式部署，导弹由一级固体火箭和 1 个动能杀伤拦截器组成。

"萨德"反导系统侧方特写

美国 RIM-7 "海麻雀"舰对空导弹

RIM-7"海麻雀"导弹是美国以 AIM-7 为基础研制的短程舰对空导弹。

研发历史

20 世纪 60 年代，美国海军计划发展一种比现有导弹系统小得多的短程点防御导弹系统(BPDMS)，用以装备攻击型航母和轻型护卫舰。鉴于 AIM-7E 的良好性能，美海军决定在 AIM-7E 空空导弹的基础上发展 RIM-7E "海麻雀"系统，又称基本型"海麻雀"或者基本型点防御导弹系统。

基本参数	
长度	3.7 米
直径	0.2 米
翼展	1.02 米
重量	230 千克
速度	3.5 马赫
有效射程	19 千米

发射中的 RIM-7 "海麻雀"导弹

▥▶ 弹体构造

　　RIM-7"海麻雀"导弹以 AIM-7M 为基础结合垂直发射技术，采用全动翼式气动布局，两对弹翼配置在导弹中部，起到舵和副翼双重作用，产生升力和控制力。两对固定尾翼用来控制稳定性。RIM-7"海麻雀"导弹有多种型号，如 RIM－7E、RIM－7H、RIM－7E2、RIM－7F、RIM－7M、RIM－7R 等，都是在空射"麻雀"导弹的基础上发展而来的。其中 RIM－7M 是标准型，RIM－7R 具有红外／半主动雷达寻的导引头。

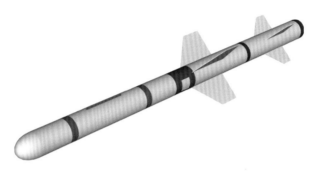

RIM-7"海麻雀"导弹示意图

▥▶ 性能解析

　　RIM-7"海麻雀"导弹是美国海军全天候、近程、低空点防域防空导弹，可用来对付地空飞机、反舰导弹和巡航导弹。改进后的导弹具有低空制导和引信低空引爆能力。

RIM-7"海麻雀"导弹发射瞬间

服役记录

1967年，"海麻雀"导弹进入美国海军服役。从此，美国海军就开始对"海麻雀"导弹进行了无休止的改进，而"海麻雀"导弹的改进几乎是与同型空对空导弹同步的。

RIM-7"海麻雀"导弹及发射器

10秒速识

RIM-7"海麻雀"导弹呈细长圆柱形，头部为锥形，尾部为收缩截锥形。其基本型沿用AIM-7E的结构，但尾翼翼尖切去了一点，弹翼改为折叠式。

RIM-7 "海麻雀" 导弹正在发射

美国 RIM-66 "标准" 舰对空导弹

RIM-66 "标准" 导弹是美国研制的一款中程舰对空导弹。

研发历史

RIM-66 "标准" 导弹的研制计划始于 1963 年，其计划目标是生产新一代导弹，以取代美国海军在役的几种老旧导弹。在 1992 年以前，"标准" 导弹都由通用动力公司波莫纳分部制造。1992 年，休斯飞机公司买下通用动力公司波莫纳分部并与雷神公司组建了合资的 "标准" 导弹公司，成为休斯导弹系统公司的一个部门。后来休斯飞机公司被卖给了雷神公司，因而雷神公司成为唯一承包商。

基本参数	
长度	4.72 米
直径	0.34 米
翼展	1.07 米
重量	707 千克
速度	3.5 马赫
有效射程	167 千米

发射中的 RIM-66"标准"导弹

弹体构造

RIM-66"标准"导弹各个型号的制导方式并不相同，RIM-66A/B 是半主动雷达导引导弹。RIM-66C 开始使用惯性导引，可在中途以指令更正航向。RIM-66M 采用惯性导引、末端红外线加半主动雷达导引，用于截击超视距目标或有低雷达截面的目标。

性能解析

RIM-66"标准"导弹具有体积小，重量轻，成本低，可连续、快速发射等特点。"标准"导弹的用途比较广泛，可防空拦截、反舰，还可改装成反辐射型。

RIM-66"标准"导弹在"萨克森"级护卫舰上发射

服役记录

RIM-66"标准"I型导弹（A、B、E型）于1967年开始服役，"标准"II型导弹（C、D型）于20世纪70年代后期服役，并于1983年开始在"宙斯盾"系统下运作。"标准"I型导弹与"标准"II型中程导弹曾经在美国与伊朗于1988年4月18日发生的冲突中被用来攻击空中与水面目标（美国海军称之为"螳螂行动"）。

RIM-66"标准"导弹发射瞬间

衍生型号

型号	特点
RIM-66A	1967 年开始于美国海军服役
RIM-66B	拥有新的反应更快速的自动驾驶仪
RIM-66C	第 1 个版本的"标准"II 型导弹
RIM-66D	使用惯性导引，只在最终阶段的拦截时需要半主动雷达导引以及目标照明。
RIM-66E	"标准"I 型的最后 1 个版本
RIM-66G	拥有新的火箭发动机和弹头
RIM-66J	新威胁升级版本
RIM-66M	装备有 Mk 45 Mod 9 目标探测装置

10 秒速识

RIM-66"标准"导弹采用尖卵形弹头，圆柱形弹体。该导弹采用两组控制面，形状特征较明显，第一组位于弹体底端，翼面前缘后掠，翼尖有切角，翼尖外缘前高后低。第二组位于弹体后部，采用大弦长弹翼，翼展由前向后尺寸不一，前小后大。

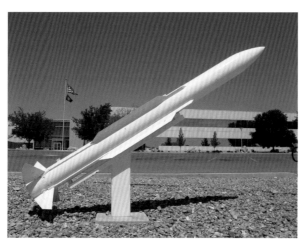

保存在博物馆中的 RIM-66"标准"导弹

RIM-66C 导弹

美国RIM-116"拉姆"舰对空导弹

RIM-116 "拉姆"导弹（Rolling Airframe Missile，RAM）是一种以红外线与被动雷达整合制导的轻型、点防御舰对空导弹。

研发历史

1975 年，RIM-116 "拉姆"导弹的研发计划被首度提出，1977 年美国通用动力公司与西德拉姆系统有限公司签署工程研发备忘录，1979 年丹麦佩尔·伍德森公司加入成为第三位合作伙伴。"拉姆"导弹第一次于 1978 年试射成

基本参数	
长度	2.79 米
直径	0.127 米
翼展	0.434 米
重量	73.5 千克
速度	2 马赫
有效射程	9 千米

功，但是后续发展非常不顺利。丹麦由原先的发展伙伴关系自行降级为观察员的身份，稍后被迫引入"海麻雀"导弹以满足他们的点防御需求。德国曾一度考虑退出研发计划，美国甚至曾终止整个开发进度，但是稍后又恢复计划的实施。"拉姆"导弹的前 30 套于 1985 年开始生产。

发射中的 RIM-116"拉姆"导弹

弹体构造

RIM-116"拉姆"导弹采用被动雷达寻的和被动红外寻的复合制导方式，战斗部为 WDU – 17B 型连续杆式战斗部，引信为 DSU – 15B 型主动激光近炸引信，导弹平均无故障时间为 188 小时。"拉姆"导弹平时安放在发射容器中，容器安装在发射系统的发射架上。发射容器为密封包装，可避免湿度、温度与电磁脉冲对导弹的影响，容器内有 4 条来复线式小导轨，以便于导弹在发射时产生初始滚动。

RIM-116"拉姆"导弹示意图

性能解析

在实战时，RIM-116"拉姆"导弹由舰载雷达及电子侦察设施进行搜索、跟踪和识别，并将目标的距离、方位、高低角和目标发射的电磁流频段数据输入导弹系统。导弹有自动、半自动、手动三种发射方式，可单射，也可分批齐射。

RIM-116"拉姆"导弹后侧方特写

服役记录

在 1992 年 11 月 14 日，RIM-116"拉姆"导弹在美国海军的塔拉瓦级两栖登陆舰的第五艘——"贝里琉"号（USS Peleliu LHA-5）上正式服役。目前，使用国家包括美国部分水面作战舰艇、25 艘德国舰艇及希腊、韩国、埃及等国家。此外，澳大利亚、意大利、荷兰、挪威、西班牙、土耳其与阿拉伯联合酋长国都表示出采购意向。

士兵正在往发射器里填装导弹

衍生型号

型号	特点
RIM-116A	"拉姆"导弹的原始版
RIM-116B	追加了红外线制导能力

发射中的 RIM-116B 导弹

　　RIM-116"拉姆"导弹最大的特点是它飞行的时候弹体会不断的翻转，因此该导弹也被称为"滚体导弹"。

RIM-116"拉姆"导弹前方特写

美国 RIM-162 舰对空导弹

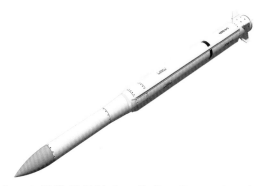

RIM-162 导弹是雷神公司为美国海军研制的舰对空导弹，是 RIM-7M "海麻雀" 的改进型。

研发历史

RIM-162 是作为与 "海麻雀" 发射系统兼容的新型导弹系统而设计的，这个概念最早在 1988 年提出。这款导弹最初有一种非官方的编号 "RIM-7PTC" 或者 "RIM-7T"，但最终官方编号是 RIM-162，以此区别出这是一款全新的导弹。2004 年 1 月，RIM-162 获得了批量生产许可，并装备在航空母舰、巡洋舰等舰船上。

基本参数	
长度	3.66 米
直径	0.254 米
翼展	0.64 米
重量	280 千克
速度	4 马赫
有效射程	50 千米

发射中的 RIM-162 舰对空导弹

弹体构造

RIM-162 虽是以 RIM-7P 为基础改进而成的，但是两者几乎没有相似的地方。RIM-162 采用了小展弦比弹翼加控制尾翼的布局方式，代替了原来的旋转弹翼方式。该导弹还采用了大量先进导弹控制技术，惯性制导和中段制导，X 波段和 S 波段数据链，末端采用主动雷达制导。这种特殊的复合制导方式可以使舰艇应对最严重的威胁。

RIM-162 舰对空导弹发射瞬间

性能解析

RIM-162 导弹采用了全新的单级大直径高能固体火箭发动机，新型的自动驾驶仪和顿感高爆炸药预制破片战斗部，有效射程与 RIM-7P 相比显著增强，甚至达到了中程舰对空导弹的标准。该导弹主要用于防御高性能反舰导弹、战斗机和巡航导弹，特别是超声速、高机动反舰导弹。该导弹可对付技术先进的高速、低雷达截面的机动型反舰导弹。

RIM-162 舰对空导弹从"卡尔文森"号航空母舰上发射

服役记录

　　目前，有许多国家正在装备或计划装备 RIM-162 导弹。已装备 RIM-162 导弹的国家包括美国、澳大利亚、加拿大、德国、土耳其、希腊、日本、丹麦、荷兰、泰国、墨西哥、挪威和西班牙等。

RIM-162 舰对空导弹装入导弹发射器

衍生型号

型号	特点
RIM-162A	装备于拥有 MK-41 垂直发射系统与 AN/SYP-1 相位阵列雷达的神盾舰艇
RIM-162B	为了拥有 MK-41 垂直发射器,但无"神盾"作战系统的舰艇设计的版本
RIM-162C	用于日本"村雨"级、加拿大"哈里法克斯"级这类使用 MK-48 垂直发射系统的舰艇
RIM-162D	为传统 MK-29 发射器设计的版本

10 秒速识

RIM-162 导弹采用正常式布局,控制舵面在尾部。

RIM-162 舰对空导弹垂直发射

美国 RIM-174 地对空导弹

RIM-174 又称 SM-6 "标准 -6" 导弹，是美国海军现役的一款地对空导弹。

研发历史

2003 年 1 月，美国海军提出了新型"增程主动导弹"的设计构想，2004 年 1 月，确定雷神公司为主研发商。雷神公司将这种导弹命名为"标准 -6"，并沿用美国海军舰载防空导弹的命名方法，将其代号称为"魔爪"。2008 年 2 月，"标准 -6"导弹获得美国海军的正式编号"RIM-174"。2008 年 6 月，RIM-174 开始第一次飞行试验，根据雷神公司的报道成功拦截了 BQM-74 靶机。2009 年，美国海军授予雷神公司 9400 万美元的合同用于制造 19 枚 RIM-174 导弹，2010 年 7 月美国海军授予雷神公司 3.68 亿美元的可修改合同用于 3 年周期的 RIM-174 导弹的低速生产。2013 年 11 月，RIM-174 导弹具备初始作战能力，并在美国海军服役。

基本参数	
长度	6.6 米
直径	0.34 米
翼展	1.57 米
重量	1500 千克
速度	3.5 马赫
有效射程	240 千米

弹体构造

RIM-174 导弹采用了 RIM-67 导弹的弹体并继承其诸多优秀特性；采用了 RIM-161 导弹的远程火箭发动机以实现增程。在保留半主动制导模式的同时采用的主动雷达导引头。其导引头是在 AIM–120 先进中距空对空导弹主动雷达导引头的基础上改进而成的，这是 RIM–174 导弹可不依靠发射舰的雷达与远程目标作战，或与超过照射雷达作用距离的目标作战的关键所在。该导弹使用了先进的引信技术和功能强大的制导系统和电子设备。此外，具备末段弹道导弹防御能力的 RIM–174 导弹还采用了功能更为强大的新处理器，能够运行更加复杂的瞄准软件，因而能够识别、跟踪和摧毁在下降过程中飞行速度极快的弹道导弹。

发射中的 RIM-174 地对空导弹

RIM-174 地对空导弹使用的发射系统

性能解析

自服役以来，经过不断升级，RIM–174 导弹目前可防御固定翼和旋转翼飞机、无人机、弹道导弹、低空机动飞行和高空超声速飞行的海上和陆上巡航导弹、水面舰艇等。RIM–174 导弹是美军武器装备中利用成熟技术、软件开发和围绕作战的新需求进行多用途作战能力升级的典范，其循序渐进的升级方式不仅能获取良好的成本效益，还能满足作战需求和提升作战能力。

服役记录

2015 年 6 月，美国海军首次利用 RIM-174 导弹成功实现与超音速目标进行超视距交战。在 2016 年 1 月对 RIM-174 导弹进行后续作战测试与评估中进行了 4 次发射试验，旨在进一步验证 RIM-174 导弹的多用性和战术作战能力。

RIM-174 地对空导弹进行组装

10 秒速识

RIM-174 导弹外形与 RIM-67 导弹相似，是一种两级导弹，使用了 AIM-120 导弹导引头。

RIM-174 地对空导弹发射瞬间

俄罗斯 S-75 "德维纳河" 地对空导弹

S-75 "德维纳河" 导弹是苏联第一代实用化的防空导弹系统，北约命名为 SA-2 "导线"。

研发历史

S-75 是苏联第一代实用化的防空导弹系统，1954 年 10 月由拉沃奇金设计局设计，1957 年莫斯科五一节阅兵式公开，1957 年 12 月苏联政府批准定型，1958 年起迅速装备苏联国土防空军，到 1960 年已达到 1000 具以上。

基本参数	
长度	10.6 米
直径	0.7 米
翼展	2.56 米
重量	2300 千克
速度	3.5 马赫
有效射程	48 千米

S-75 导弹前侧方特写

弹体构造

　　S–75 导弹有两级发动机，第一级固体燃料助推段工作 4～5 秒；第二级发烟硝酸 – 煤油液体发动机工作 22 秒。发射营的火控系统站能跟踪 1 个目标，利用 3 个信道同时制导 3 枚导弹拦截目标。

S-75"德维纳河"导弹示意图

性能解析

　　S–75 是苏联制造的第一代全天候中程、中高空地对空导弹武器系统，主要担负国土和要地防空任务，重点对付远程轰炸机和侦察机。S–75 导弹的最大射程、射高、最大飞行速度、发射重量、战斗部重量等数据都在第一代舰空导弹中处于领先水平。

运输中的 S-75 导弹

服役记录

1960 年 5 月 1 日，苏军在斯维尔德洛夫斯克附近使用 S–75 导弹击落 1 架美国 U–2 高空侦察机，俘获美军飞行员鲍尔斯，S–75 是唯一有击落高空侦察机战果记录的导弹。

S-75 地对空导弹

衍生型号

型 号	特 点
SA–2A	装备"扇歌"–A 制导雷达、V–750 或 V–750V 导弹
SA–N–2A	尝试安装了 1 座双联 C–75 导弹发射架和配套的雷达
SA–2B	装备了更强大的助推段发动机
SA–2C	SA–2B 的改进型，"扇歌"–C 制导雷达
SA–2D	"扇歌"–E 制导雷达，V–750SM 导弹
SA–2E	"扇歌"–E 制导雷达，V–750AK 导弹
SA–2F	"扇歌"–F 制导雷达，V–750SM 导弹

发射中的 SA-2E 导弹

 10 秒速识

S–75 每个导弹发射营装备 6 个发射架，这些发射架呈六边形布置。导弹为两级发动机，载车为吉尔 ZIL–157 半拖车，发射架为 CM–63 单臂全回转。

展览中的 S-75 导弹

俄罗斯 9K35 "箭-10" 防空导弹

　　9K35 "箭-10" 导弹是一种全天候机动式近程防空导弹系统，北约命名为 SA-13 "金花鼠"。

研发历史

　　9K35 "箭-10" 导弹的研制计划始于20世纪70年代初，是在 "箭-1" 的基础上改进而成的，主要用于对付低空亚音速飞机。1982 年 11 月在莫斯科红场首次公展。20 世纪 80 年代，苏联平均每年至少生产 2800 枚 9K35 "箭-10" 导弹。

基本参数	
长度	6.6 米
宽度	2.85 米
高度	2.3 米
重量	12300 千克
速度	0.05 马赫
有效射程	500 千米

9K35 "箭-10" 导弹参加军事演习

弹体构造

　　9K35"箭-10"导弹采用较大的固体火箭发动机和双波段红外导引头。因导引头灵敏度非常高，从而使9K35导弹的作战性能大大提高。9K35导弹使用四联箱式发射，除待射弹外，还有4枚备份弹。整个系统只需1人操纵，射手可实施短停顿射击。

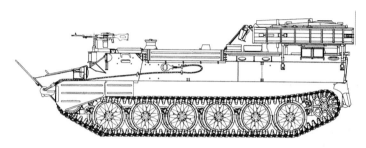

9K35"箭-10"导弹示意图

性能解析

　　9K35"箭-10"导弹具有发射后不管能力，机动性强、战斗反应迅速。此外，其作战性能较高，抗人为干扰和背景干扰能力较强。

保存在博物馆中的9K35"箭-10"导弹

服役记录

9K35"箭-10"导弹从 1975 年开始装备部队，1980 年出现于苏军驻东德集群部队。1985 年年初苏联还向安哥拉、保加利亚、利比亚、捷克、叙利亚提供了一批 9K35"箭-10"导弹地对空导弹武器系统。

9K35"箭-10"导弹侧方特写

衍生型号

型号	特点
"箭-10" M	主要攻击战斗机和直升机，透过操纵员前镜搜索目标
"箭-10" M2	根据目标来袭方向自动调整瞄准方式，被动自导
"箭-10" M3	采用变倍光学照准镜和操纵员前镜搜索目标，攻击范围扩大
"箭-10" M4	采用被动搜索仪、变倍光学照准镜、操纵员前镜、夜视搜索瞄准仪 4 种方式搜索目标

"箭 -10" M3 导弹

10 秒速识

　　9K35 "箭 –10" 导弹为钝形弹头，圆柱形弹体，采用三组控制面，第一组位于弹体尾端，4 片，呈上小下大矩形组合，第二组位于第一组前端，4 片，呈直角梯形，前缘后掠。第三级位于弹头后部，与第一、二组间距较大，4 片，呈三角形。

9K35 "箭 -10" 导弹前侧方特写

俄罗斯 9K33 "黄蜂" 地对空导弹

9K33 "黄蜂" 导弹是苏联研制的陆上机动近程低空、全天候地对空导弹武器系统，北约代号为 SA-8 "壁虎"。

研发历史

苏联发展 9K33 是为了取代 S-6057 毫米反飞机高炮，填补肩射型 9K32 导弹系统和 S-75 中高空导弹系统之间的空隙。它的设计思想和用途与法国、联邦德国联合研制的 "罗兰特" 地对空导弹相似，但射程超过了后者。

基本参数	
长度	9.14 米
宽度	2.75 米
高度	4.2 米
重量	17500 千克
速度	0.065 马赫
有效射程	500 千米

9K33 导弹填补了苏联近程低空防空的空白，对 20 世纪 80 年代及以后从低空和超低空突袭的来袭目标构成极大的威胁。

9K33 "黄蜂" 导弹前侧方特写

弹体构造

9K33 "黄蜂"导弹属于第二代野战防空导弹系统，由于采用了固体火箭发动机、高比冲推动剂和固态电子器件，从而降低了导弹和雷达的体积与重量，使整个系统可装在一辆车上。它的整个系统由一辆3轴轮式发射车和双联装发射架及1部综合制导雷达组成。当综合制导雷达受到电子干扰时，可采用位于顶端的光学系统和第二指令发射天线跟踪目标和制导导弹，具有较强的抗电子干扰能力。

9K33 "黄蜂"导弹系统模型图

性能解析

9K33 "黄蜂"导弹是世界上比较先进的一种防低空突袭导弹。由于它具备全天候作战能力、较强的抗干扰能力、更高的机动能力以及自主或联网作战能力，所以有很强的生存能力。

发射中的 9K33 "黄蜂" 导弹

服役记录

1982 年第五次中东战争中，叙利亚与以色列在贝卡谷地发生空战，叙利亚部署的 3 个 9K33 防空导弹连被敌方无人攻击机悉数摧毁。9K33 导弹还装备于华约国家的军队，此外，叙利亚、约旦、黎巴嫩和伊拉克等国的军队也装备有这种导弹。

9K33 "黄蜂" 导弹前侧方特写

▌▌▌▷ 衍生型号

型号	特点
9K33M "黄蜂 –M"	9K33 的改进海军舰载型号
9K33M2 "黄蜂 –AK"	采用六联装发射车，每枚导弹采用密封包装
9K33M3 "黄蜂 –AKM"	加装了敌我识别系统

9K33M3 "黄蜂 -AKM" 导弹

▌▌▌▷ 10 秒速识

9K33 "黄蜂"导弹为 1 细长圆柱体，采用鸭式布局，弹体前部有 4 个小的梯形控制舵，4 个稳定翼位于弹体尾部，其后缘与发动机喷口齐平。舵和尾翼均按 X 形配置，并处于同一平面。

俄罗斯 9K37 "山毛榉" 防空导弹

9K37 "山毛榉" 导弹是苏联研制的一种中低空、中近程机动式防空武器系统，北约命名为 SA-11 "牛虻"。

研发历史

1979 年，乌里扬诺夫斯克机械工厂开始用 9K37 "山毛榉" 代替已服役的过时导弹系统，9K37 是俄罗斯国防部授予的正式系统型号。

基本参数	
长度	5.55 米
直径	0.4 米
翼展	1.2 米
重量	685 千克
速度	3 马赫
有效射程	30 千米

9K37 "山毛榉" 防空导弹

▌▌▌▌▷ 弹体构造

装备 9K37 "山毛榉" 的每个导弹营包括 1 辆指挥车，1 辆搜索雷达车，6 辆运输 – 起竖 – 发射 – 雷达车，3 辆装填车。每个导弹连包括两部运输 – 起竖 – 发射 – 雷达车，1 辆装填车。攻击时先快速爬升，再俯冲瞄准目标，导弹系统进入战斗状态需要 5 分钟，从目标跟踪到发射导弹需要 22 秒。

9K37 "山毛榉" 导弹

▌▌▌▌▷ 性能解析

9K37 "山毛榉" 导弹主要可用来对付美国的反辐射导弹、巡航导弹以及 30 ~ 15000 米高度上的超、亚音速飞机，可同时制导 3 枚导弹攻击 1 个目标。

9K37 "山毛榉" 导弹前侧方特写

型 号	特 点
9K37	最原始版本，采用半主动雷达制导
9K37M1	改进版，被称为"恒河"，用于出口
9K37M1-2	使用的是 9M38 导弹
9K37MB	2005 年推出的改进型号

9K37M1-2 导弹

▌▌▌▌▶ 10 秒速识

　　9K37"山毛榉"导弹外形酷似"标准"防空导弹，弹体中部安装有 4 片长弦短翼展控制翼面，尾端安装有 4 片截短三角翼形的活动控制舵面。

9K37"山毛榉"导弹后侧方特写

俄罗斯 9K330 "道尔" 地对空导弹

9K330 "道尔" 地对空导弹是苏联于 20 世纪 70 年代开始研制的机动型全天候近程防空武器，北约代号为 SA-15。

研发历史

20 世纪 70 年代中期，苏联阿尔玛兹·安泰设计局开始研发 "道尔" 地对空导弹，该导弹于 1983 年设计定型并开始批量生产。之后，阿尔玛兹·安泰设计局又在基本型的基础上继续改进，研制出更先进的 9K331 道尔" M1 和 9K332 "道尔" M2 等改进型。

基本参数	
长度	2.9 米
直径	0.235 米
翼展	0.65 米
重量	167 千克
速度	2.5 马赫
有效射程	12 千米

9K330 "道尔" 导弹侧方特写

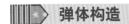

弹体构造

"道尔"是同类地空导弹系统中唯一采用三坐标搜索雷达，具有垂直发射和同时攻击两个目标能力的先进近程防空系统。整个系统包括 1 部三坐标多普勒搜索雷达、1 部多普勒跟踪雷达、1 部电视跟踪瞄准设备和 8 枚9M330 导弹，均整合安装在 1 辆由 GM-569 改装的中型履带装甲运输车上。基本战斗单位是导弹发射连，由 4 辆导弹车和 1 辆指挥车组成，并配有导弹运输装填车、修理车和测试车等。

9K330 "道尔"导弹系统示意图

性能解析

"道尔"地对空导弹具有全天候作战、三防、空运部署能力，集运输、发射、雷达等全功能于一体，可以独立完成防空作战任务，也可集成为更大的防空系统协同作战，是一种机动型全天候近程防空武器。该导弹主要可用于为野战部队或各种军事目标提供近距离对空防御，能击落飞机、直升机、巡航导弹、精确制导武器、无人飞机和弹道导弹等。

发射中的"道尔"导弹

服役记录

1986 年"道尔"导弹的基本型开始装备苏联陆军部队，改进型 9K331 "道尔"M1 和 9K332 "道尔" M2 分别在 1991 年和 2000 年开始服役。

保存在博物馆中的"道尔"导弹

衍生型号

型 号	特 点
9K330 " 道尔 "	基本型
9K331 " 道尔 " M1	使用 9M331 导弹，导弹精度有了很大改进，具有同时与双目标交战的能力
9K332 " 道尔 " M2	包括搜索雷达在内的全面升级

9K332 "道尔" M2 导弹

10 秒速识

"道尔"地对空导弹系统使用 GM–569 履带式底盘，车载 8 枚垂直发射导弹，安装在两部容器中，每部容器有 4 枚导弹。

"道尔"导弹前方特写

俄罗斯 2K12 "卡勃" 地对空导弹

2K12 "卡勃"导弹是苏联研制的机动式中低空中程野战地对空导弹系统，北约命名为 SA-6 "根弗"。

研发历史

基本参数	
长度	5.8 米
直径	0.335 米
翼展	1.245 米
重量	599 千克
速度	2.8 马赫
有效射程	24 千米

20 世纪 50 年代后期，2K12 "卡勃"地对空导弹的研发工作正式启动，由苏联托罗波夫 OKB-134 特种工程设计局著名设计师伊凡·伊凡诺维奇·托罗波夫设计，1967 年该导弹正式定型，1968 年开始由莫斯科三角旗设计局与吉哈米洛夫仪器设计科学研究院生产，1985 年停止生产，时至今日，"卡勃"地对空导弹仍然在役。

2K12 "卡勃"地对空导弹系统

弹体构造

2K12 "卡勃" 导弹是世界上第一种采用整体式固体冲压和固体火箭组合发动机的导弹。当导弹使用固体火箭时，起飞速度达到 1.5 马赫，燃烧完的火箭将成为冲压式主发动机的燃烧室。"卡勃" 导弹系统分装在两辆相同的履带车上，1 辆是三联装导弹发射车，乘员 3 人，1 辆是制导雷达车，乘员 4 人。这种导弹适于野战防空，能对付亚音速、超音速飞机。其特点是制导雷达采用多波段多种频率工作，抗干扰能力强。

2K12 "卡勃" 导弹示意图

性能解析

由于采用了世界首创的固体火箭和冲压一体化发动机，因此 2K12 "卡勃" 导弹的性能较为稳定。该导弹不仅杀伤概率高，而且反应速度也快，命中精度较高。该导弹的主要缺点是制导系统技术不够先进，采用了大量电子管，因此产生了体积大、耗电多、维修不便和操作自动化低等问题。

发射中的 2K12 "卡勃" 导弹

服役记录

在 1999 年的科索沃战争中，2K12 "卡勃"导弹摧毁了 3 枚"战斧"巡航导弹。美国空军的 1 架 F-16 战斗机也曾被"卡勃"导弹击毁。"卡勃"导弹出口到 28 个国家，其中包括阿尔及利亚、安哥拉、保加利亚、古巴、埃及等。

展览中的 2K12 "卡勃"导弹

10 秒速识

2K12 "卡勃"导弹为尖卵形弹头，圆柱形弹体。弹体中部有冲压发动机进气孔，进气道向后延伸，外观沿弹体方向呈 4 道凸起。

2K12 "卡勃"导弹发射瞬间

俄罗斯 S-300 地对空导弹

S-300 是苏联研制的第三代地对空导弹系统，北约命名为 SA-10 "轰鸣"。

研发历史

1968 年，苏联国土防空司令部提出研制一种三军通用的反战机多通道新型防空导弹系统的建议，称为 S-500U。这一倡议得到苏联国家军事工业综合系统领导的支持。但经过陆军火箭炮兵总部的坚持，苏联国家军事工业综

基本参数	
长度	5.8 米
直径	0.45 米
翼展	1.245 米
重量	1600 千克
速度	2.8 马赫
有效射程	24 千米

合系统领导制定了一个折中方案，以通用化原则为前提研制三军通用的防空导弹系统，并命名为 S-300 系统。国土防空军使用的称为 S-300P，陆军使用的称为 S-300V，海军使用的称为 S-300F。

陆军使用的 S－300V 导弹

弹体构造

　　S-300 地对空导弹有机融合了战术弹道导弹的构成特点，采用可形成两种破片的定向杀伤战斗部和双波束无线电引信，从而使一种导弹可同时用于对付弹道式、空气动力式两大类型的目标。为了使破片飞散方向对准目标，需要导引头测量目标相对导弹脱靶方位，在导弹与目标遭遇前 0.2 秒内控制导弹滚动，滚动角速度要求很高，必须达到 500° / 秒。

S-300 导弹示意图

性能解析

　　S-300 地对空导弹主要可用于从超低空到高空、近距离到超远程的全空域抗击密集多目标空袭作战，具有全空域作战能力，机动性较高，生存能力较强。

发射中的 S-300 导弹

⫸ 服役记录

目前，俄罗斯国土防空部队 70% 左右装备的防空导弹系统为 S-300P，其他使用 S-300 导弹的国家还有土耳其、阿尔及利亚、乌克兰、印度等。

S-300 导弹后侧方特写

衍生型号

型号	特点
S-300P	最初型号
S-300PMU	针对出口市场，使用 5P85T 半拖车，5V55U 导弹
S-300PMU1	使用 48N6 陆基型导弹
S-300PMU2	使用 48N6E2 导弹

S-300PMU2 导弹

10 秒速识

　　S-300 导弹采用锥形弹体，头部装有导引头、无线电引信、弹上计算机及惯导装置、战斗部、固体火箭发动机和舵舱。拦截器采用无翼正常式气动布局，弹体设计为可产生升力的锥体，尾部带 4 个气动控制舵面。

S-300 地对空导弹系统

俄罗斯 S-400 地对空导弹

S-400 是俄罗斯国土防空军的第三代地对空导弹系统，北约命名为 SA-21 "咆哮"。

研发历史

S-400 导弹是俄罗斯阿尔玛兹 – 安泰中央设计局为俄罗斯防空军设计的新一代移动式中远程防空导弹系统。研制型号之前称为 S-300PMU-3，为 S-300 家族之一，S-400 导弹为现役性能最佳的针对大气层内飞行目标的远程防空导弹之一。

基本参数	
长度	7.5 米
直径	0.45 米
重量	1600 千克
速度	5 马赫
有效射程	40 千米

S-400 导弹前方特写

弹体构造

　　S-400 导弹每个火力单位主要由最多 12 台导弹发射车、1 部多功能雷达、1 部可选择加强配置的目标指示雷达、1 部低空补盲雷达等构成。当采用新型的 40N6 远程导弹时，射程可达 400 千米。S-400 的指挥控制系统包括 1 辆搜索指示雷达车和 1 辆指挥控制车，其照射制导雷达为先进的相控阵雷达，可同时制导多枚导弹、攻击多个目标。

部署在俄罗斯的 S-400 导弹

性能解析

　　S-400 防空导弹是俄军防空部队中现役最先进的主力装备之一，在速度、精度等方面都表现优异，是当今世界上性能最好的防空导弹系统之一。该型导弹可以对付各种作战飞机、空中预警机、战役战术导弹及其他精确制导武器，既能承担传统的空中防御任务，又能执行非战略性的导弹防御任务。

S-400 地对空导弹系统

服役记录

S-400 导弹于 2007 年 4 月 28 日投入使用，截至 2015 年年底，共有 11 个俄罗斯导弹团装备了 S-400。

S-400 导弹系统雷达车特写

10 秒速识

S-400 导弹首次采用了 3 种新型导弹和机动目标搜索系统，沿袭了 S-300PMUI 系统的结构，作战单元数量增加到了 8 个，发射车外形与 S-300MPU 系列相类似。

S-400 导弹系统所采用的三种导弹

俄罗斯铠甲 –S1 防空导弹

铠甲 –S1 是俄罗斯研制的弹炮合一的具有单车行进间独立作战的防空导弹。

研发历史

铠甲 –S1 空对空导弹的研制计划始于 1994 年，当时因受到军工不景气的影响险些夭折，幸好找到阿联酋投资，研制才得以继续。铠甲 –S1 主要由俄罗斯图拉仪器制造局研发设计，是"通古斯卡"防空系统的升级版。铠甲 –S1 于 2012 年开始服役，亮相于 2015 年 5 月 9 日俄罗斯纪念卫国战争胜利 70 周年庆典。

基本参数	
长度	3.2 米
直径	0.17 米
弹头重量	20 千克
重量	90 千克
速度	3.8 马赫
有效射程	20 千米

铠甲 -S1 防空导弹系统前侧方特写

弹体构造

铠甲–S1 空对空导弹系统由炮塔、高炮、地对空导弹、发射筒、搜索雷达、跟踪雷达和光电火控系统组成。全部设备不仅可以安装在轮式或履带式运输车上，而且可以安装在舰船甲板和其他平台上。铠甲–S1 装备 12 枚导弹、1 个热成像系统、1 个光学跟踪器、1 个目标截获雷达系统。

铠甲 -S1 防空导弹呈展开状态

性能解析

铠甲–S1 防空导弹可以同时发现并跟踪 20 个目标，既可在固定状态下，也可在行进中对其中 4 个目标实施打击。两种武器相互补充，能够摧毁距离在 20 千米以内、高度在 15 千米以内、速度在 1300 米 / 秒以内的各种现代化空中攻击武器。除巡航导弹、反雷达导弹、制导炸弹以及各种有人和无人战机外，"铠甲"–S1 防空系统还可以打击地面和水中轻装甲目标以及有生力量。

沙漠迷彩涂装的铠甲 -S1 防空导弹

服役记录

2010 年，俄罗斯向阿拉伯联合酋长国提供了铠甲 – S1 防空导弹系统。

履带车辆版的铠甲 -S1 防空导弹系统

10 秒速识

铠甲 –S1 的外形更像"通古斯卡"系统，而不像"铠甲"基准型系统。底盘和"通古斯卡"的底盘非常相似，炮塔实际上一样，区别只是"通古斯卡"炮塔前部安装的是跟踪雷达，而"铠甲"S1 是一套带有天线整流罩的光电装置。

铠甲-S1导弹系统进行性能测试

英国"轻剑"地对空导弹

"轻剑"导弹是英国于 20 世纪 60 年代研制的地对空导弹。

研发历史

为了对付日益加剧的低空威胁，英国陆军迫切需要一种防空导弹，以填补防空武器的空白。20 世纪 60 年代初，英国开始研制简易、造价便宜的防空导弹。最初武器代号为 ET-316，后来改名为"轻剑"。"轻剑"导弹由英国宇航公司和马可尼公司负责研制，1969 年定

基本参数	
长度	2.235 米
直径	0.133 米
翼展	0.138 米
重量	45 千克
速度	2.5 马赫
有效射程	8.2 千米

型并批量生产。"轻剑"导弹是一种价格便宜，生产、销售量都很大的地对空导弹，目前已生产近 2.5 万枚及 600 多部发射架。

英国装备的"轻剑"地对空导弹

弹体构造

　　"轻剑"地对空导弹全系统可以由一辆运输车装载，整个系统由三座标脉冲搜索雷达及盲射跟踪雷达、自动激光跟踪器、指挥控制及信息处理、八联装发射架和无线电指令发射系统等部分组成，其牵引式光学跟踪装置和发射架分开配置，以保证操作人员的安全。

"轻剑"导弹发射瞬间

性能解析

　　"轻剑"地对空导弹具有反应迅速、易于操作、机动性强以及便于运输等优点。

发射中的"轻剑"导弹

▮▮▮▮▷ 服役记录

　　1982 年英阿马岛战争中，作为英军登陆作战的骨干力量，"轻剑"导弹在"吹管"导弹的配合下，保证了登陆部队的对空安全，曾多次击落阿根廷军队的 A–4 和"幻影"飞机。在海湾战争中，英国在沙特部署了"轻剑" – 2000 型防空导弹，伊拉克部署了一些"轻剑" – 2 型导弹。英国的"轻剑" – 2000 型导弹系统对其陆军装甲部队起到了有效的保护作用。

　　除了装备英国陆军外，"轻剑"地对空导弹还出口到澳大利亚、伊朗、瑞士、土耳其、新加坡等国。

"轻剑"导弹后方特写

▮▮▮▮▷ 衍生型号

型　号	特　点
"轻剑" – 1 型	1971 年开始服役
"轻剑" – 2 型	1978 年开始服役
"轻剑" – 2000 型	将整个系统合并起来装在一辆载车上

士兵正在组装"轻剑"导弹系统

10 秒速识

　　"轻剑"导弹弹体为圆柱形，弹头为尖锥形，两组控制翼面，第一组位于弹体底部略靠前位置，面积较小，前缘后掠，第二组位于弹体中部，面积较大，前缘后掠角度大于第一组，"轻剑"-2000 型在翼尖有小型控制装置。

展示中的"轻剑"导弹

法国"阿斯特"舰对空导弹

"阿斯特"导弹是欧洲防空导弹联合公司研制的舰对空导弹。

研发历史

1989 年 6 月 9 日，法国宇航公司、汤姆逊公司和意大利的阿莱尼亚公司联合组成欧洲防空导弹联合公司，并开始研发新的防空武器，即"阿斯特"舰对空导弹。该型导弹包括"阿斯特"15型和"阿斯特"30 型两种型号。除了经常作为陆基或舰载的防空武装外，"阿斯特"导弹也是法国主导的 PAAMS（Principal Anti Air Missile System，主要防空 / 反导弹系统）的核心武器。

基本参数	
长度	4.2 米
直径	0.18 米
翼展	1 米
重量	310 千克
速度	3.5 马赫
有效射程	30 千米

发射中的"阿斯特"导弹

弹体构造

　　"阿斯特"导弹使用 1 个通用的导弹体，通过配装不同的助推器攻击不同的目标。"阿斯特"导弹的两种型号都是两级固体导弹，采用相同的指令、主动雷达寻的制导和 15 千克的破片杀伤战斗部，主要区别是第一级，实质上是同一单级固体导弹配装了不同的助推器。该导弹使用了直接推力控制技术，在弹道终端关键的拦截阶段以侧向推进器直接产生反作用力，推动导弹撞向目标，而不是依赖弹翼控制。

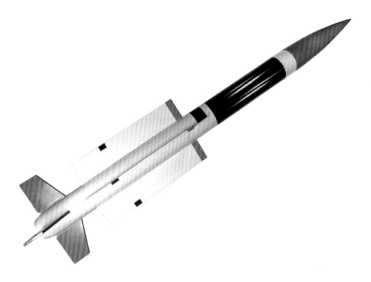

"阿斯特"导弹示意图

性能解析

　　"阿斯特"舰对空导弹拥有不同于现役典型舰载防空导弹的动力设计，拦截精度更高，能击毁一系列空中目标，包括掠海飞行的超音速反舰巡航导弹或具有高度机动性的战机。

英国"勇敢"级驱逐舰装备的"阿斯特"导弹发射装置

衍生型号

型 号	特 点
"阿斯特"–15	射程达到 30 千米
"阿斯特"–30	最大射程可达到 120 千米

发射中的"阿斯特"-15 导弹

　　"阿斯特"导弹由弹体以及附带稳定面的尾部助推器构成，气动力构型包括弹体周边的 4 片长条状稳定翼以及位于弹尾的十字形控制舵。

发射中的"阿斯特"-30 导弹

英国"海狼"舰对空导弹

"海狼"导弹是英国于20世纪70年代研制的舰载短程点防空导弹系统。

研发历史

　　1967年，反舰导弹对舰艇的威胁日益增长，各国海军迫切需要防御武器。英国海军认为用导弹拦截反舰导弹是一种积极措施，而"海标枪"舰对空导弹存在许多不足，加上当时英国海军航空母舰等大型舰艇数量减少，护卫舰等中小型舰艇数量增加，迫使英国需要装备新型舰对空导弹。

基本参数	
长度	1.9米
直径	0.3米
翼展	0.45米
重量	82千克
速度	3马赫
有效射程	10千米

1968年7月，英国航空航天公司开始研制"海狼"舰对空导弹。

弹体构造

　　"海狼"舰对空导弹使用六联装导弹发射器，备用弹则垂直存放于弹药库，以人力进行再装填。"海狼"采用自动指挥至瞄准线导引，在整个导弹系统中，波长较长。具有远距离搜索功能的Type-967 D频对空搜索雷达提供早期预警，波长较短、精确度较高的Type-968 E频雷达负责目标追踪，雷达将目标资料输入射控电脑并计算出接战方案与射控参数，然后自动输入发射器并完成热机，同时将发射器对准目标方位。

"海狼"舰对空导弹示意图

▌▌▌▷ 性能解析

在全天候条件下，"海狼"导弹能对小型超音速目标实施攻击。由于其尺寸较小，"海狼"导弹能够直接垂直贮存在甲板下。除此之外，"海狼"舰对空导弹有射控雷达全自动操作与人工控制两种发射方式。

"海狼"导弹发射瞬间

服役记录

"海狼"导弹系统于 1979 年 3 月正式装备英国海军战舰，1984 年年底英国海军宣布，正在为 3 艘"常胜"级轻型航空母舰装备"海狼"舰对空导弹。

10 秒速识

"海狼"舰对空导弹的弹体构型采用流线型，1 组大面积十字形箭簇翼占据弹体中端，靠近弹尾处则有 1 组箭簇型十字控制面。

"海标枪"导弹（上）与"海狼"导弹（下）

Chapter 06

反舰导弹

　　自反舰导弹问世以来，随着不断的改进与发展，已经可以从多种不同的载具上使用以攻击水面舰艇．这种导弹一般由弹头端、导引端和推进端组成。反舰导弹被多次用于现代战争，在现代海战中发挥了重要作用。

美国 AGM-84 "鱼叉" 反舰导弹

AGM-84 "鱼叉" 导弹是美国麦克唐纳·道格拉斯公司研制的反舰导弹。

研发历史

　　1965 年，美国海军航空系统司令部制定了一项空射战术反舰导弹的研究方案，1969 年开始方案论证，1970 年 11 月确定开发计划，1971 年 1 月进行招标，同年 6 月从参与竞争的 5 家公司中选定麦克唐纳·道格拉斯公司为主承包商，并开始进入实际研发阶段，发展计划分为武器系统的设计、研制和鉴定试验三个阶段。1972 年 12 月开始飞行试验，直至 1977 年 3 月试验结束。在美国三军通用编号当中，AGM-84 为空射型，RGM-84 为舰射型，UGM-84 则是水下潜艇发射型，但是他们的基本结构都是相同的。

挂载于机翼下的 AGM-84 "鱼叉" 导弹

弹体构造

　　AGM-84 "鱼叉" 反舰导弹动力装置为一台涡喷发动机，因而它的射程可达 124 千米。其制导方式采用中段惯性制导和末段主动雷达制导。弹头处装有 1 台抗干扰性能较好的宽频带频率捷变主动雷达导引头。

　　AGM-84 "鱼叉" 导弹发射前，由载机上的探测系统提供目标数据，然后输入导弹的计算机内。导弹发射后，迅速下降至 60 米左右的巡航高度，以 0.75 马赫的速度飞行。在离目标一定距离时，导引头就会根据所选定的方式，开始搜索前方区域。捕获到目标后，AGM-84 导弹就会进一步下降高度，并贴海飞行。当接近敌舰时，导弹会突然跃升，然后向目标俯冲，穿入舰桥内部爆炸。

AGM-84"鱼叉"导弹示意图

性能解析

AGM-84"鱼叉"反舰导弹是美国海空军现役最主要的反舰武器，可以自飞机、各类水面军舰以及潜艇上发射。

发射中的 AGM-84"鱼叉"导弹

服役记录

　　AGM-84"鱼叉"反舰导弹首次实战纪录发生于两伊战争期间。1980年 11 月，伊朗在珍珠行动之中以导弹快艇袭击并击沉了两艘伊拉克所属的"黄蜂"级导弹快艇。其中，伊朗所使用的武器就包括AGM-84"鱼叉"导弹。

挂载有 AGM-84 导弹的 P-8"波塞冬"巡逻机

衍生型号

型 号	特 点
AGM-84E/F/G/H/J/K/L/M SLAM	AGM-84 的远程空射攻击型
RGM-84E/F/G/H/J/K/L/M SLAM	RGM-84 的远程舰射攻击型
UGM-84G/L SLAM	UGM-84 的远程潜射攻击型

AGM-84L 导弹

　　AGM–84"鱼叉"导弹的弹体拥有两组十字形翼面，位于弹体中部的是 4 片大面积梯形翼，弹尾则设有 4 面较小的全动式控制面，两组弹翼前后完全平行，而且均为折叠式，折叠幅度为弹翼的一半。舰射型、潜射型导弹的火箭助推器上也有 1 组十字形稳定翼。

RGM-84 导弹

美国 AGM-119 "企鹅" 反舰导弹

AGM-119 "企鹅" 导弹是挪威康斯伯格防御与空间公司研制的轻型多平台反舰导弹。

研发历史

基本参数	
长度	3.2 米
直径	0.28 米
翼展	1.4 米
重量	385 千克
最大速度	0.65 马赫
有效射程	55 千米

20 世纪 60 年代初，康斯伯格防御与空间公司在西方多数国家几乎停止研发反舰导弹之际，却致力于研发 AGM-119 "企鹅" 反舰导弹。1972 年，AGM-119 "企鹅" 反舰导弹开始投入使用，先后研制成功 "企鹅" I 型、"企鹅" II 型、"企鹅" III 型和 "企鹅" IV 型等多种型号，使 "企鹅" 导弹成为包括舰对舰、岸对舰、空对舰的多用途、多类型反舰导弹家族。1994 年该型导弹被美国海军采用并赋予 AGM-119 的编号。

发射中的 AGM-119 "企鹅" 导弹

弹体构造

AGM-119"企鹅"导弹的多种型号的动力装置均为 1 台罗佛斯和大西洋研究中心设计的无烟固体火箭发动机。战斗部均为半穿甲爆破型，导引头为视场可变的热成像被动红外导引头，有宽、窄两种视场，宽视场在远距搜索目标阶段使用，当导弹接近目标时转入跟踪锁定目标阶段，此时导引头的宽视场就会转换为窄视场。

AGM-119"企鹅"反舰导弹模型图

性能解析

AGM-119"企鹅"导弹可以单发或多发齐射以攻击较大的舰船，在西方现役的导弹中，它是唯一一种兼具终端锁定和移动命中两种性能的导弹。在命中后，其 120 千克的弹头在延迟引信的控制下在船体内部引爆，对敌方舰船造成致命的破坏。

F-16 战斗机挂载 AGM-119"企鹅"导弹

▌▌▌▷ 服役记录

AGM-119"企鹅"反舰导弹 1972 年服役于挪威海军，1989 年服役于挪威空军。1994 年被美国海军所采用。除此之外，还被西班牙、澳大利亚、瑞典、希腊、韩国和土耳其等国所采用。

AGM-119"企鹅"导弹发射瞬间

▌▌▌▷ 10 秒速识

AGM-119"企鹅"反舰导弹各种型号采用相同的鸭式气动外形布局和相似的弹体结构，4 片箭羽式控制舵面和稳定弹翼分别位于弹体前部和后部，前舵和弹翼均呈 X 形配置，处于同一水平面上。圆柱形弹体头部呈卵形，尾部呈半球形，弹体内部采用模块化舱段结构。

挂载于 SH-60 直升机上的 AGM-119"企鹅"导弹

美国 AGM-158C 远程反舰导弹

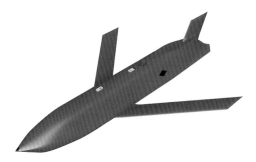

AGM-158C 导弹是美国国防高等研究计划署为美国空军、海军开发的低可侦测性技术反舰导弹。

研发历史

2009 年，美国启动了新型反舰导弹的设计计划，计划有两种方案，一是洛克希德·马丁公司承包的初期工程发展，以 JASSM 导弹为基础改良的次音速反舰导弹。二是采用冲压发动机的超音速反舰导弹，但在 2012 年 1 月取消，因此最终只有第一种方案进入实际开发。原型弹在 2013 年年初进行测试，2015 年 8 月，新型导弹获得制式化编号——AGM-158C。2020 年，美国海军开始研发将 AGM-158C 整合至 P-8"海神"式海上巡逻机携带武装项目内，工程开发预定在 2026 年完成。

基本参数	
长度	4.27 米
直径	0.4 米
翼展	2.4 米
重量	1100 千克
速度	0.9 马赫
有效射程	800 千米

集成在战斗机上的 AGM-158C 导弹

士兵对 AGM-158C 远程反舰导弹进行测量

弹体构造

AGM-158C 强化了导弹供电能力，并导入多频谱被动雷达、升级版本的电子侦查系统（ESM）与雷达预警机（RWR）、战术资料链、抗干扰 GPS、整合了数字化空间情景测绘（DSMAC）与自动地形轮廓匹配辨识功能的红外线成像寻标器。AGM-158C 的制导系统由英国宇航公司研发，采用多种无源搜索装置构成的综合制导系统，可运用导弹内部搭载的被动侦搜硬件搭配高效的人工智能辨识出目标舰艇，并可自动回避主动防御系统的反舰导弹。

性能解析

AGM-158C 导弹发射后会在中等空层飞向目标，直到进入攻击模式时才会降低高度进行掠海飞行。由于没有主动雷达寻标器，AGM-158C 不发射任何电磁波信号即可锁定目标，从而可以大幅缩小电子侦搜系统的预警范围。因为配备 GPS 的缘故，AGM-158C 也具有对地攻击能力，但不确定其红外线成像寻标器是否可对移动目标进行精准打击。

服役记录

2017 年 7 月 27 日，洛克希德·马丁公司与美国空军签订了第一批 AGM-158C 量产合约，合约在 2019 年 9 月执行完毕。美国海军在 2016 年宣布以 14 亿美金的价格采购 124 枚 AGM-158C 导弹的计划，但目前尚未签订采购合约。

挂在机翼下的 AGM-158C 导弹

10 秒速识

AGM-158C 采用全隐身设计技术，为了降低红外特征，尾部喷口也采用了异形混流降温措施。

海上飞行的 AGM-158C 导弹

美国 BGM-109 "战斧" 巡航导弹

BGM-109 "战斧" 导弹是美国通用动力公司研制的一款巡航导弹。

研发历史

苏联在冷战时期最先将巡航导弹应用于武装冲突中，其推陈出新的各类巡航反舰导弹严重刺激了美国，因而美国也开始研制巡航导弹。BGM-109 是美国防部联合通用动力公司研制的一种巡航导弹，1976 年首次试射，1983 年装备部队。其中 BGM-109B 导弹是 "战斧" 导弹系列中的反舰导弹。

基本参数	
长度	6.25 米
直径	0.52 米
翼展	2.67 米
重量	1600 千克
速度	0.73 马赫
有效射程	2500 千米

发射中的 BGM-109 "战斧" 导弹

弹体构造

BGM–109 "战斧"导弹采用模组化设计，在替换弹头与导引系统之后，能够利用同样的弹体设计，满足不同的任务需求。。

BGM-109 "战斧"导弹示意图

性能解析

BGM–109 导弹是美国研制的一种从敌防御火力圈外投射的纵深打击武器，能够自陆地、舰船、空中与水下发射，主要用于对严密设防区域的目标实施精确攻击。

BGM-109 导弹发射瞬间

服役记录

1991 年海湾战争期间，"战斧"式导弹首次投入大规模使用。美军的主要发射平台是游弋于波斯湾、红海的 18 艘战舰。

F-14 战斗机发射 BGM-109 导弹

衍生型号

型 号	特 点
BGM-109A	第一种携带核弹头的型号
BGM-109B	反舰型
BGM-109C	对陆攻击型，配备 454 千克高爆弹头
BGM-109D	对陆攻击型，配备内含 166 枚 BLU-97/B 炸弹的高爆集束弹头
UGM-109E	潜射反舰巡航导弹
BGM-109G	地面发射巡航导弹，配备 W84 核弹头
AGM-109H	中程空对地巡航导弹

BGM-109G 导弹

10 秒速识

BGM-109 导弹的最前端是导引系统模组，位于这个模组后方的则是一到两个前端弹身配载模组，这个模组可以携带燃料或者不同的弹头。第三段是弹身中端模组，是主要的燃料与弹翼的所在位置。

BGM-109 "战斧" 巡航导弹

俄罗斯 Kh-31 反舰导弹

Kh-31导弹是俄罗斯研制的一种能由战术飞机发射的超音速反舰导弹，北约命名其为 AS-17"氪星"。

研发历史

Kh-31 导弹是俄罗斯于 20 世纪 90 年代研制的配备最新火箭冲压发动机的战术导弹，于 1991 年迪拜航展首次对外展出。目前，确定有 Kh-31A 反舰型和 Kh-31P 反辐射型两种型号，另外还有 Kh-31U 增程型和 Kh-31H 改进型两种反辐射型号尚处于研究阶段。

基本参数	
长度	4.7 米
直径	0.36 米
翼展	0.914 米
重量	610 千克
速度	3.5 马赫
有效射程	150 千米

挂载于机翼下的 Kh-31 导弹

弹体构造

Kh-31 的弹体后端装有 4 台环绕弹体的火箭冲压发动机，占导弹全长的 2/3 左右。导弹发射时先启动火箭发动机，当速度到达 1.8 马赫时再启动冲压发动机。

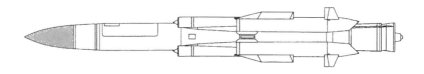

Kh-31 导弹示意图

性能解析

Kh-31 导弹对苏联的战术空对舰导弹发展来说是新的尝试，由于该系列导弹的最高速度高达 3 马赫以上，因此颇受西方国家关注。

苏 -30 战斗机与 Kh-31 导弹

服役记录

Kh-31 导弹于 1988 年开始正式服役。目前，装备 Kh-31 导弹的国家主要有俄罗斯、阿尔及利亚、叙利亚、印度等。

挂载有 Kh-31 导弹的苏 -35 战斗机

▌▌▌▷ 衍生型号

型 号	特 点
Kh–31P	两种长度不同的衍生型，全长分别为 4.7 和 5.23 米
Kh–31A	配备有主动雷达导引头，发射后先采用惯性制导

Kh-31P 导弹

▌▌▌▷ 10 秒速识

Kh–31 导弹采用常规设计，每台发动机的后端都装有梯形稳定翼和方形控制翼。

255

Kh-31 导弹前方特写

俄罗斯 Kh-35 反舰导弹

　　Kh-35 反舰导弹是俄罗斯研制的喷气式亚音速反舰导弹，北约命名其为 SS-N-25 "弹簧刀"。

研发历史

　　Kh-35 导弹于 1983 年开始研制，其研制进度受苏联解体的影响较大，直到 2003 年才最终定型并开始批量生产，Kh-35 导弹主要用于攻击5000吨以下的舰只，因与美国"鱼叉"反舰导弹类似，又被戏称为 "鱼叉斯基"。

基本参数	
长度	4.4 米
直径	0.42 米
翼展	1.33 米
重量	610 千克
速度	0.8 马赫
有效射程	300 千米

发射中的 Kh-35 反舰导弹

弹体构造

　　Kh–35 反舰导弹系统由反舰导弹、导弹储运发射箱、发射架、舰载自动控制和包括导弹检测设备在内的地面设备组成。Kh–35 反舰导弹由惯导系统控制，在末端由抗干扰的主动雷达将导弹导向目标。高爆破片战斗部由触发引信引爆，对目标实施打击。

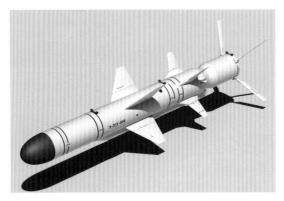

Kh-35 反舰导弹示意图

性能解析

　　Kh–35 反舰导弹可以由直升机、战斗机、水面舰艇发射，也可加装助推器后在岸上发射，具有抗电子干扰能力。该导弹在固定翼飞机上使用时，固体火箭助推器可根据作战需要拆卸。

Kh-35 导弹前侧方特写

服役记录

Kh-35 导弹的舰射型于 1993 年服役，空射型于 1995 年服役。

Ka-52 直升机与 Kh-35 反舰导弹

10 秒速识

Kh-35 反舰导弹采用气动外形布局，4 片切梢三角形折叠式大弹翼位于弹体中部，4 片切梢三角形折叠式小控制舵面位于弹体后部。主动雷达导引头天线位于导弹头部，惯性中制导和主动雷达末制导系统均位于头部制导舱内。

Kh-35 反舰导弹（左）与 Kh-31 反舰导弹（右）

俄罗斯 P-500 "玄武岩" 反舰导弹

P-500 "玄武岩" 导弹是俄罗斯海军配备的采用液体火箭冲压发动机推进的一款超音速反舰导弹，北约命名其为 SS-N-12 "沙盒"。

研发历史

20 世纪 50 年代，苏联切洛梅伊设计局开始研制一种重型远程超音速反舰导弹，是苏联第二代远程舰射和潜射飞航式反舰导弹。P-500 "玄武岩" 导弹于 1973 年研制成功，主要用于打击敌航空母舰和其他大型作战舰船。

基本参数	
长度	11.7 米
直径	0.88 米
翼展	2.6 米
重量	4800 千克
速度	2.5 马赫
有效射程	550 千米

P-500 "玄武岩" 导弹前侧方特写

弹体构造

　　P–500"玄武岩"导弹动力装置为液体火箭冲压发动机再加两具外挂固体火箭助推器，采用被动/主动雷达中端航空/卫星中续制导模式，必须依赖舰上装设的"活力皿"卫星数据接收系统和卡–27直升机进行中继制导。在巡航过程中，数枚导弹可以相互协作调整飞行姿态及轨迹：其中一枚导弹可以保持在7000米高度巡航并使用其主动雷达寻敌，然后将此引导信息发送给其他在较低高度巡航的导弹。

P-500"玄武岩"导弹示意图

性能解析

　　作为苏联第二代超音速反舰导弹，P–500"玄武岩"虽然射程远威力大，但该导弹最大的缺陷是攻击弹道呆板，尤其是攻舰末端不具备任何复杂的机动规避弹道模式，而且其巡航高度相对较高，一旦被对方发现容易遭到拦截。

P-500"玄武岩"导弹发射架

▌▌▌▷ 服役记录

P-500 "玄武岩" 导弹 1975 年装备苏联海军，主要装备 "光荣" 级巡洋舰、"基辅" 级航空母舰和 "回声" 级（E 级）核潜艇。

▌▌▌▷ 10 秒速识

P-500 导弹弹体为钛合金制造，弹头为 1 吨常规炸药或 35 万吨 TNT当量的核炸药。

俄罗斯 P-800 "红宝石" 反舰导弹

　　P-800 "红宝石" 导弹是俄罗斯切洛梅设计局设计的超音速反舰导弹，北约命名其为 SS-N-26 "球果"。

研发历史

　　20 世纪 80 年代后期，苏联开始研发新型反舰导弹，由切洛梅设计局开发制造，尽管在 20 世纪 90 年代俄罗斯遭遇严重的经济危机，但是新型导弹的研制工作仍然取得了重大的进展。90 年代中期，新型导弹系统进入试

基本参数	
长度	8.9 米
直径	0.7 米
翼展	1.7 米
重量	3000 千克
速度	2.5 马赫
有效射程	300 千米

验阶段，1999 年在莫斯科航展上推出了第一个导弹样品，作为第四代反舰导弹，这种新型反舰导弹被命名为 "红宝石"。

P-800 "红宝石" 前侧方特写

弹体构造

P-800"红宝石"导弹采用复合导航系统，巡航端为惯性导航，末端为有源雷达制导。该导弹使用积分式固体燃料起动加速器的超音速冲压喷气巡航发动机，发动机进气道位于头锥中心线的两侧，呈对称配置。导弹射出发射筒后，发动机的固体燃料加速器启动，只需几秒就可使导弹加速到 2 马赫以上。然后，固体燃料加速器关闭，导弹靠冲压式液体燃料喷气发动机继续以 2.5 马赫左右的速度飞行。在整个飞行过程中，导弹始终处于敌方舰载防空系统的发现区低界以下。在进入飞行的最后阶段，反舰导弹开始跃出无线电地平线，导弹雷达导引头重新开机，截获并跟踪目标。

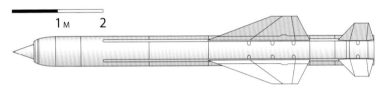

P-800"红宝石"反舰导弹示意图

性能解析

P-800"红宝石"反舰导弹具有重量轻、体积小、隐身性好、飞行速度快、发射后不用管等特点。该弹具有超强的攻击能力，可在较强火力攻击和复杂的电子干扰条件下，对敌水面舰艇编队或单个水面战舰目标实施单发或齐射攻击。"红宝石"导弹对外界条件要求非常低，无需特殊维护与保养。

苏 -33 战斗机与 P-800"红宝石"反舰导弹

服役记录

P-800"红宝石"反舰导弹目前主要装备俄罗斯海军,其他装备该型导弹的国家还包括印度、印尼、叙利亚等。

发射中的 P-800"红宝石"反舰导弹

10 秒速识

P-800"红宝石"导弹采用标准的空气动力外形,安装有梯形折叠主翼和尾翼,发动机设置了迎面进气口。

P-800"红宝石"导弹前侧方特写

俄罗斯/印度"布拉莫斯"反舰导弹

"布拉莫斯"导弹是俄罗斯和印度合作研制的一款超音速反舰巡航导弹。

研发历史

1995 年 12 月，印度与俄罗斯开始联合研制超音速反舰导弹。后因研发经费不足，未能完成预定的型号研制任务。1998 年 2 月，印度国防部研究与发展局与俄罗斯导弹生产和设计商联合体签订了联合研制"布拉莫斯"

基本参数	
长度	8.4 米
直径	0.6 米
翼展	1.7 米
重量	3000 千克
速度	3 马赫
有效射程	300 千米

超音速反舰巡航导弹的谅解备忘录。在印度联合组建"布拉莫斯"航空航天合资公司，决定共同研制开发设计代号为 P–J 10，名称为"布拉莫斯"的超音速巡航导弹。2001 年 6 月"布拉莫斯"进行首次导弹试射。

印度装备的"布拉莫斯"反舰导弹

弹体构造

　　"布拉莫斯"导弹采用复合制导方式，巡航端采用惯性制导，末端采用主 / 被动雷达导引头。导弹在飞行末段就会下降到 10 米左右，贴近海平面并作蛇形机动弹道飞行，以躲避敌方拦截。其动力系统采用固体火箭助推器和冲压喷气发动机。导弹在飞行过程中多采用被动制导方式，以降低被敌方发现的概率，并提高导弹的命中概率。

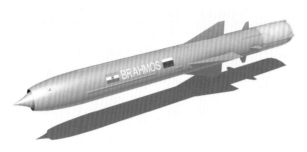

"布拉莫斯"反舰导弹示意图

性能解析

　　"布拉莫斯"反舰导弹具有超音速、多弹道等特点，其突防能力、抗干扰能力和抗反导拦截能力都是世界上数一数二的。

苏 -30 战斗机装备的"布拉莫斯"反舰导弹

服役记录

2016 年 8 月 3 日，印度政府批准在该国东北部中印边境附近部署"布拉莫斯"反舰巡航导弹团，此次部署的是印度军队接装的第 4 个"布拉莫斯"导弹团。

"布拉莫斯"导弹前侧方特写

10 秒速识

"布拉莫斯"导弹采用梭镖式气动布局，弹身表层涂有印度自行研制生产的雷达吸波涂料。

展览中的"布拉莫斯"反舰导弹

法国"飞鱼"反舰导弹

"飞鱼"导弹是法国宇航公司研制的一款反舰导弹。

研发历史

20 世纪 60 年代,"飞鱼"反舰导弹的研制计划正式实施,由欧洲著名的军火制造商法国宇航公司研发制造,1968 年首次对外公开。舰射型服役后,法国宇航公司又开始研制空射型和潜射型。空射型于 1972 年首次试射。潜射型于 1979 年公开。飞鱼导弹在 1980 年开始正式服役后,经过许多次实战检验,是一种整体性能评价优异的反舰导弹系统。

基本参数	
长度	4.7 米
直径	0.348 米
翼展	1.1 米
重量	670 千克
速度	0.92 马赫
有效射程	180 千米

发射中的"飞鱼"反舰导弹

弹体构造

　　"飞鱼"导弹整体由导引头、前部设备舱、战斗部、主发动机、助推器、后部设备舱、弹翼和舵面组成。发射前的启动时间需要 60 秒，主要是预热寻标头的磁通管，需要输入的信息包括目标距离和航向、载具本身的航向、速度以及垂直参考点。此外，还可以添加寻标头雷达搜索角度，雷达开启距离、终端飞行高度以及引信选择。

"飞鱼"反舰导弹示意图

性能解析

　　"飞鱼"反舰导弹的主要攻击目标为大型水面舰艇，可以在接近水面 5 米的高度飞行但不接触水面，在飞行时采用惯性导航，直到接近目标后再启动主动雷达搜寻装置，因此在接近目标前不容易被发现。

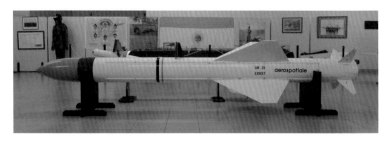

"飞鱼"AM39 导弹

服役记录

　　1987 年 5 月 17 日，一架伊拉克战机发射了两枚"飞鱼"导弹击中美国海军"史塔克"号巡防舰，造成该舰严重损伤。根据资料显示，"史塔克"号在中弹前，完全没有侦测到来袭的"飞鱼"导弹。目前，还在使用"飞鱼"

导弹的国家，包括法国、德国、巴基斯坦、阿拉伯联合酋长国、阿根廷、新加坡、南非、巴西、阿曼、埃及、伊拉克、科威特、利比亚、秘鲁等国家。

挂载于直升机上的"飞鱼"反舰导弹

衍生型号

型 号	特 点
MM38	第一款服役的导弹，舰射型
AM39	能够满足载具超音速飞行的需求，空射型
SM 39	生产数量不多，大约在 150 枚左右，潜射型
MM40	采用数位电路和新寻标器，舰射与陆基发射型

"飞鱼"SM 39 潜射型导弹

10 秒速识

　　"飞鱼"反舰导弹采用典型的正常式气动布局，4 个弹翼和舱面按 X 形配置在弹身的中部和尾部。

"飞鱼"反舰导弹发射瞬间

美国海军巡防舰在波斯湾被"飞鱼"导弹击中

日本 93 式反舰导弹

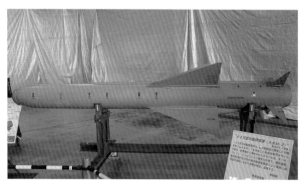

93 式导弹是日本开发的空射反舰导弹，是日本航空自卫队的反舰主力武器之一。

研发历史

日本防卫厅技术研究本部于 1984 年开始进行取代 ASM-1 反舰导弹的研究，1988 年将研究计划转移至三菱重工，导弹核心的红外线寻标系统则交由富士通负责，三菱使用陆上自卫队所装备的 88

基本参数	
长度	4 米
直径	0.35 米
翼展	1.2 米
重量	530 千克
速度	0.93 马赫
有效射程	170 千米

式陆基反舰导弹的部分技术进行研发，并于 1989 年制造出原型导弹，1992 年测试项目完全结束，军用编号为 93 式反舰导弹。1993 年防卫厅开始购买此型导弹并安装至 F-1 战斗机上。2000 年至 2002 年，航空自卫队研发整合了 GPS 定位机能的改良型 93 式反舰导弹，该型导弹原定 2006 年量产，但最后并未拨款生产。

弹体构造

93 式反舰导弹以涡轮喷气发动机取代原来的固体火箭发动机，用红外热成像导引头取代了主动雷达导引头，制导方式为惯性制导 + 红外成像制导。虽然 93 式反舰导弹导引头采用红外照相机和图像处理系统，以图像来识别目标与诱饵，并跟踪预定的瞄准点，因此具有很强的抗电子干扰能力。但红外制导有一个致命的缺陷，就是作用距离很短，一般在 20 千米左右。

因此，机载雷达必须延长引导时间，甚至全程为 93 式导弹提供引导，才能使其命中目标。

展示中的 93 式反舰导弹

▌▌▌▶ 性能解析

93 式反舰导弹具备一定的隐身能力，新的动力系统使其最大射程由 60 千米增至 100 千米，优于美国当时的"鱼叉"导弹。其采用的涡轮喷气发动机具有体积小，射程远的优势，但其飞行速度有限，末段突防能力堪忧。除此之外，93 式反舰导弹也是目前世界上少数仅使用红外线进行瞄准的反舰导弹。

经过涂装后的 93 式反舰导弹

93 式反舰导弹正面特写

服役记录

1995 年，93 式反舰导弹正式装备日本海上自卫队。目前，93 式反舰导弹已全数装备支援战斗机部队。

10 秒速识

93 式导弹弹翼采用复合材料以隐身结构制造，弹体和弹翼涂有吸波材料。弹体下方装设发动机进气口，弹头搭配延迟引信。

93 式反舰导弹尾部特写

以色列"天使"反舰导弹

"天使"是以色列航空工业公司研制的一款亚音速近程反舰导弹。

研发历史

以色列航空工业公司于 1962 年开始进行反舰导弹的研发，原型导弹于 1968 年完成，首次测试于 1969 年 4 月 7 日在"海法"号驱逐舰上进行。在经过各项测试后于 1970 年 8 月 5 日正式在以色列海军中服役。

基本参数	
长度	5.5 米
直径	0.44 米
翼展	1.6 米
重量	1250 千克
速度	0.7 马赫
有效射程	200 千米

弹体构造

"天使"导弹有多种改进型，其最新型号为"天使"5 号。该导弹装备 1 台涡轮喷气发动机以及 1 台固体火箭助推器，采用全程亚音速飞行模式，具有"惯性 + 卫星 + 末段主动雷达"的制导方式，具备全天候作战和较强的打击精度和抗干扰能力，其本身也有较为复杂的航路规划能力，突防能力较佳。该型导弹还装有更先进的多光谱寻标器，以适应近海电磁波混杂的复杂环境。

"天使"反舰导弹发射器

展示中的"天使"反舰导弹

性能解析

"天使"导弹使用范围广，既可攻击大中型水面舰艇，也可攻击小型船只，精度非常高。但其制导系统易受天候条件影响，抗干扰能力一般。该导弹能从军用舰艇或陆基移动发射车上进行发射，并兼具一定的对陆地目标的打击能力。

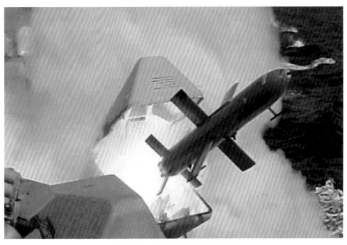

"天使"反舰导弹发射瞬间

服役记录

"天使"导弹曾在 1973 年的赎罪日战争中配合电子干扰成功创下了19∶0 的佳绩。在此之后，该导弹被多国使用，包括美国、法国、芬兰等国。

衍生型号

型号	特点
"天使" 1 号	基本型号
"天使" 2 号	更换了部分电子设备，改良火箭药柱增加推力。
"天使" 3 号	1978 年推出，除了舰载型外，还新增了空射型。
"天使" 4 号	沿用"天使"导弹的编号，但外观已几乎脱离之前型号的范畴。
"天使" 5 号	研发代号被称为"先进海军攻击导弹"。

10 秒速识

"天使"导弹采用气动外形，以雷达高度计作为导弹控制基础的架构。

"天使"反舰导弹发射器侧方特写

发射中的"天使"反舰导弹

Chapter 07

单兵便携式导弹

　　单兵便携式导弹诞生于 20 世纪 70 年代之后，是一种体积小、重量轻、射程近的轻型武器。这种导弹在历次战争中发挥了重要作用，发射方式大致可分为肩扛式发射和依托式发射两种。

美国 FIM-92 "毒刺" 便携式防空导弹

FIM-92 "毒刺" 导弹是美国研制的便携式防空导弹，主要用于阵地前沿或要地的低空防御。

研发历史

FIM-92 "毒刺" 防空导弹于 1972 年开始研制，是美国为了替换 "红眼" 导弹而在其基础上发展起来的一种单兵肩射式近程防空导弹武器系统。美国通用动力公司于 1967 年开始研制的 "红眼" II 专案是 FIM-92 "毒刺" 导弹的研发起点，1971 年美国陆军接受了该专案成果，并注资研发；1972 年 3 月 "红眼" II 专案改名为 "毒刺"，代号 XFIM-92A，导弹原型计划在 1973 年 4 月研发完成，原定于 1973 年 11 月开始测试，但实际上直到 1975 年 2 月才完成原型弹研发，1975 年 3 月开始测试。1975 年 7 月，XFIM-92A 大致解决了各种技术问题。美国陆军在 1978 年 4 月正式采购 FIM-92 导弹，以替换老旧的 FIM-43 "红眼" 防空导弹。

基本参数	
长度	1.52 米
直径	0.07 米
弹头重量	3 千克
重量	15.19 千克
速度	2.2 马赫
有效射程	8 千米

美军士兵发射 FIM-92 "毒刺" 导弹

弹体构造

　　FIM-92 "毒刺" 导弹被设计为一种易于搬运和操作的防御型导弹, 虽然官方要求两人一组操作, 但是单人也可操作。该型导弹由两节小型固体火箭喷射口提供推力, 喷焰在发射者后方安全距离外。发射时, 将电池冷冻模组 (BCU) 插入手把, 将一股氩气流注入系统, 并使瞄准器和导弹通电, 但电池只有有限的气体量, 不能随便使用, 在缺乏保养的条件下, 电池的使用寿命将会大大缩短。

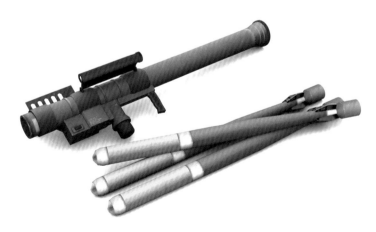

FIM-92 "毒刺" 导弹示意图

性能解析

FIM-92 "毒刺" 导弹能全方位攻击高速、低空和超低空飞行的战机。该导弹具有可靠性高、操作使用简便、重量轻，机动能力强等特点。由于采用了第二代冷却锥形扫描红外自动导引弹头，当友军和敌军双方的飞机同时在空域上空时，FIM-92 "毒刺" 导弹能提供全方位探测和自导引能力。除此之外，"毒刺" 导弹还可装载在 "悍马" 装甲车改装的平台上或者 M2 "布拉德利" 步兵战车上。

发射中的 FIM-92 "毒刺" 导弹

服役记录

1982 年 5 月 21 日，FIM-92 "毒刺" 导弹首次用于实战，在英阿马岛战争中，英军特种部队部署了 6 部 "毒刺" 导弹。英军原有一名接受过 "毒刺" 导弹使用训练的特别空勤团士兵，本应由他来教授其他士兵使用，但他在 5 月 19 日的一次直升机事故中丧生。不过，另外一名未经过训练的特别空勤团士兵于 5 月 21 日用这种导弹击落了 1 架阿根廷对地攻击机。

美国士兵正在搬运 FIM-92"毒刺"导弹

10 秒速识

1 套 FIM-92 "毒刺"导弹系统由发射装置组件和 1 枚导弹、1 个控制手柄、1 部敌我识别（IFF）询问机及 1 个氩气体电池冷却器单元（BCU）组成。发射装置组件由 1 个玻璃纤维发射管和易碎顶端密封盖、瞄准器、干燥剂、冷却线路、陀螺仪 – 视轴线圈以及 1 个携带吊带等组成。

展示中的 FIM-92"毒刺"导弹

美国 BGM-71 "陶" 式便携反坦克导弹

BGM-71 "陶" 式反坦克导弹是现在世界上最广泛使用的一款反坦克导引导弹。

▓▓▶ 研发历史

BGM-71 "陶" 式导弹最初由休斯飞机公司在 1963–1968 年间研制，代号 XBGM-71A，设计目标是地面人员和直升机。1968 年，休斯飞机公司获得了一份全面生产合约。1970

基本参数	
长度	1.51 米
直径	0.152 米
翼展	0.46 米
重量	22.6 千克
速度	0.94 马赫
有效射程	4.2 千米

年，美国陆军开始部署这种武器系统。在被采用后，"陶" 式导弹取代了当时服役的 106 毫米 M40 无后坐力炮和 MGM-32 "安塔克" 导弹，并且取代了当时直升机使用的 AGM-22B 导弹作为机降反坦克武器。

美国士兵正在使用 BGM-71 "陶" 式导弹

弹体构造

BGM–71"陶"式导弹采用红外线半主动制导，武器系统由导弹、发射装置和地面设备3部分组成，是一种管式发射、光学瞄准、红外自动跟踪、有线制导的第二代重型反坦克导弹系统。

BGM-71"陶"式导弹示意图

性能解析

BGM–71"陶"式导弹的特点是发射平台种类多，使用灵活。M220发射器是步兵在使用"陶"式导弹时的主要发射器，可以架在其他平台上使用，包括 M151 MUTT 吉普车、M113 装甲运兵车和"悍马"装甲车。这种发射器严格来说可以单兵携带，但非常笨重。"陶"式导弹采用有线制导方式，射程受限，发射平台也容易遭到敌方火力攻击。

参加丛林作战训练的 BGM-71"陶"式导弹

服役记录

美军在第四次中东战争中曾大量使用 BGM-71"陶"式反坦克导弹，并取得了良好的战果。在海湾战争中，多国部队共发射了 600 多枚 BGM-71 导弹，击毁了伊拉克军队 450 多个装甲目标，至今该导弹还出口到 50 多个国家和地区。

士兵搬运 BGM-71"陶"式导弹

衍生型号

型 号	特 点
BGM-71A	休斯管射光学追踪线控导引导弹
BGM-71B	改良射程
BGM-71C	改良锥形装药弹头
BGM-71D	改良导引、引擎和加大主弹头
BGM-71E	使用串联战斗部为击毁反应装甲做优化
BGM-71F	使用爆炸成形弹进行顶部攻击
BGM-71G	改用穿甲弹设计，未生产
BGM-71H	为对抗加固建筑而生产的"碉堡克星"

BGM-71A 导弹

10 秒速识

　　BGM-71"陶"式导弹弹体为柱形，前后两对控制翼面。第一对位于弹体尾部，4 片对称安装，为方形；第二对位于弹体中部，每片外端有弧形内切，后期改进型的弹头加装了探针。"陶"式导弹的发射筒也是柱形，自筒口后 1/3 处开始变粗，明显呈前后两段。

白色涂装的 BGM-71 "陶" 式导弹

美国M47"龙"式反坦克导弹

M47"龙"式导弹是由美国雷神公司研制的单兵肩扛便携式反坦克导弹。

研发历史

1960年，美国陆军军械导弹司令部根据道格拉斯公司的提议，启动了中型反坦克武器（MAW）计划。1964年8月，道格拉斯公司获得了研发XM-47导弹的合同。1967年，XM-47被重新命名为FGM-77和FTM-77（FTM-77为训练型）。1967年12月，导弹首度试射，1968年7月5日进行实弹发射。

基本参数	
长度	1.154米
直径	0.14米
弹头重量	2.5千克
重量	16.1千克
速度	0.29马赫
有效射程	1000米

弹体构造

M47"龙"式导弹采用光学瞄准、红外跟踪、有线传输指令制导，射手发射导弹以后，使用瞄准分划持续瞄准坦克目标，当飞行的导弹偏离瞄准线时，红外测角仪会测量出偏差，并通过导线发送信号给导弹，控制导弹修正飞行轨迹，回到射手瞄准的飞行路线上来。射手只需控制自己的瞄准线，导弹就能准确地跟随直至命中目标。M47"龙"式的发射系统由滑膛式玻璃钢强化塑料发射管，后膛/燃气产生器、追踪器、两脚架、电池、发射器背带以及前后避震器所组成。为了击发导弹，必须加装并非整体式日间或夜间瞄准具。发射时，操作员可以站立、跪姿或独特的坐姿发射导弹。虽然发射器本身是仅为发射 1 发的消耗品，但瞄准具可被拆卸下来并且重新使用。

M47"龙"式反坦克导弹发射瞬间

装备 M47"龙"式反坦克导弹的美国士兵

性能解析

M47"龙"式导弹采用了高爆反坦克战斗部与导线制导系统，能够击毁装甲战斗车辆（如主战坦克、装甲输送车）、强化地堡和其他结构强化目标。但由于其使用了 60 个微型火箭发动机，从而导致 M47"龙"式导弹飞行时的控制不太精确，跟踪运动目标的精度极低，而且射程太近，只有 1公里，速度慢，信号特征明显，射手每次发射要暴露在敌人坦克面前十几秒，很容易遭到坦克机枪的攻击。

士兵正在使用 M47"龙"式反坦克导弹

服役记录

1975 年 1 月，M47"龙"式导弹正式装备美国陆军。2001 年，美军将其正式退役，但在美国军械库里仍然保留着该武器的存货，而且仍被美国以外众多军队或武装部队使用。

10 秒速识

M47"龙"式导弹弹体中部密布着 12 排 60 个微型火箭发动机，尾部有 1 个发射红外信号的曳光管。导弹一般密封在深绿色玻璃钢圆筒状发射管内，并且被黄色条纹覆盖。在发射器的正下方是 1 具折叠式两脚架，运输时由 1 条小皮带所固定，通常在发射前展开。

M47"龙"式反坦克导弹正面特写

士兵小组准备发射 M47"龙"式反坦克导弹

美国 FGM-148 "标枪" 便携式反坦克导弹

FGM-148 "标枪" 导弹是美国德州仪器公司和马丁·玛丽埃塔公司联合研发的一款单兵反坦克导弹。

研发历史

FGM-148 "标枪" 导弹于 1989 年开始研制，研制工作由德州仪器公司和马丁公司共同完成，1994 年开始批量生产，1996 年正式服役，以取代控制手段落后的 M47 "龙" 式反坦克导弹。

基本参数	
长度	1.1 米
直径	0.127 米
弹头重量	8.4 千克
重量	22.3 千克
速度	0.4 马赫
有效射程	4.75 千米

FGM-148 "标枪" 是世界上第一种采用焦平面阵列技术的便携式反坦克导弹。

美国士兵正在发射 FGM-148 "标枪" 导弹

弹体构造

FGM–148"标枪"导弹系统配备了一个红外线成像搜寻器，并使用两枚锥形装药的纵列弹头，前一枚引爆任何爆炸性反应装甲，主弹头贯穿基本装甲。射击前，射手将发射筒前盖取下，瞄准控制单元对准目标，当搜索到目标时按下锁定快门，这时的目标图像就是导弹攻击寻的蓝本。导弹射出后，无论是运动还是静止中的目标图像特征，在成像寻的器上都是连续变化的，处理单元就是依靠这些特征信号连续变化中的相关性，自动识别和跟踪目标。

FGM-148"标枪"导弹示意图

性能解析

FGM–148"标枪"导弹的软发射能力使它的后焰区域非常小，便于从多种建筑物内发射，在都市战中更具优势。"标枪"导弹顶部攻击时的飞行高度可达 150 米，直接攻击时为 50 米。"标枪"导弹的攻击威力大于M47"龙"式反坦克导弹，与"陶"2 改进型相当。"标枪"导弹的缺点是重量大，射程较短。

发射中的 FGM-148"标枪"导弹

服役记录

FGM-148"标枪"导弹曾参加 2003 年的伊拉克战争,并对伊拉克的 T-72 坦克和 69 式坦克予以毁灭性打击。"标枪"导弹的主要用户除了美国外,还有英国、法国、澳大利亚、沙特阿拉伯、阿联酋、阿塞拜疆、新西兰、挪威、立陶宛、印度、印度尼西亚、捷克、巴林、格鲁吉亚、爱尔兰、约旦、卡塔尔和阿曼等国家。

FGM-148"标枪"导弹发射瞬间

10 秒速识

"标枪"导弹采用焦平面阵列技术,配备 1 个红外线成像搜寻器,2 枚锥形装药的纵列弹头发动机由串联在一起的起飞发动机和续航发动机组成。

FGM-148 "标枪" 导弹局部特写

美国 FGM-172 SRAW 便携式反坦克导弹

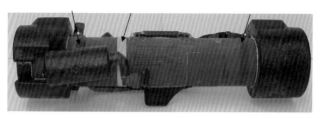

FGM-172 SRAW 导弹是美国洛克希德·马丁公司研发的一种单兵便携式反坦克导弹。

研发历史

1987 年，美国海军陆战队启动"短程突击武器计划"以替换现存的 M72 轻型反装甲武器和 M136/AT-4 一类的非制导反坦克火箭弹或榴弹。从 1990 年 2 月到 1993 年，多家公司参加了演示竞标，其中的第一次试射在 1991 年进行。1994 年 7 月，罗亚尔公司（现属于洛克希德·马丁公司）的"捕食者"被选入工程制造研发阶段。直到 2006 年该导弹才获得了官方代号——FGM-172。

基本参数	
长度	0.705 米
直径	0.14 米
弹头重量	6.4 千克
重量	9.7 千克
速度	0.73 马赫
有效射程	17 ~ 600 米

士兵正在使用 FGM-172 SRAW 导弹

弹体构造

FGM-172 SRAW 采用惯性制导。这种制导方式可使导弹准确地飞向瞄准点，而不受侧风的影响。射手进行瞄准，激活自动驾驶仪，然后发射导弹。导弹在飞抵目标上空时，弹上磁强仪和目标传感器引爆爆破形成战斗部。导弹由通过后部排气喷管周围安装的电磁阀进行控制。

性能解析

FGM-172 SRAW 是一种发射后不管的武器，有效射程从 17 米到 600 米，用于对付固定或移动目标。在瞄准过程中，操作员需短时间跟踪目标，然后将数据与已知的导弹飞行性能相结合，以预测拦截目标航线的飞行路径，并对导弹的自动驾驶系统进行编程。一旦检测到目标，FGM-172 就会向下发射爆炸形成的穿甲弹，攻入炮塔顶部的薄弱装甲。

FGM-172 SRAW 导弹正在发射

FGM-172 SRAW 导弹发射瞬间

服役记录

2003 年美国陆军将 FGM-172 SRAW 导弹从多用途单兵弹药 – 短程突击武器（MPIM/SRAW）的候选名单中剔除。2006 年，该武器从美国海军陆战队现役装备中退出。

衍生型号

型 号	特 点
FGM-172A	双传感器引信、攻顶模式反坦克导弹。
FGM-172B	多用途爆轰破片杀伤战斗部，可用于一般突击作战。

10 秒速识

FGM-172 SRAW 导弹有两种基本版本，为便于识别和避免混淆，在发射管的外表面标有不同颜色的条纹。

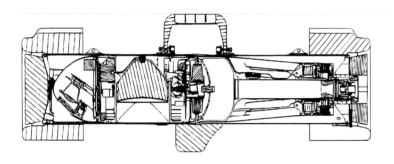

FGM-172 SRAW 导弹结构图

FGM-172 SRAW 导弹正反面特写

俄罗斯9K38"针"式防空导弹

9K38"针"式防空导弹是苏联研制的一种便携式近程低空防空导弹系统，北约命名其为SA-18"松鸡"。

研发历史

在9K32"箭"2便携式防空导弹服役后不久，苏军便发现该武器虽然有着突出的优点，但缺点也不少，因而决定研制一款更先进的便携式防空导弹。20世纪70年代，科洛姆纳设计局以9K32"箭"2便携式防空导弹为蓝本，

基本参数	
长度	1.574米
直径	0.072米
弹头重量	1.17千克
重量	10.8千克
速度	1.9马赫
有效射程	5.2千米

采用了许多新技术、新材料，最终研制出9K38"针"式便携式防空导弹。

9K38"针"式导弹发射瞬间

▶ 弹体构造

9K38"针"式防空导弹采用双通道红外导引头，导引头内的目标选择逻辑装置能够识别由超音速目标发射的各种红外假目标，抗红外干扰能力很强，可以对付信号弹、闪光弹和调制式红外干扰等多种干扰方式。除了战斗部外，依据目标状况的不同，还可将剩余 0.6 ~ 1.3 千克固体推进剂，与战斗部同时引爆。除此之外，在引爆战斗部之前的瞬间，导引头逻辑装置还能将导弹瞄准点从目标的发动机尾焰区转向机体中部，以确保对目标的最大杀伤。

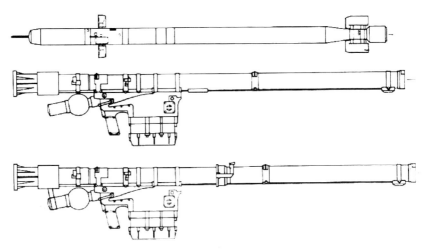

9K38"针"式防空导弹示意图

▶ 性能解析

9K38"针"式防空导弹可攻击多种目标，攻击方式灵活。该导弹可攻击低空机动和非机动目标，包括固定翼飞机、悬停直升机、巡航导弹等。该导弹不仅能尾追攻击目标，而且还能从目标下面和侧面攻击，实现了全向攻击。9K38"针"式防空导弹是俄罗斯现役最先进的便携式地空导弹系统之一。

士兵正在发射 9K38"针"式防空导弹

服役记录

　　9K38"针"式防空导弹 1983 年开始进入部队服役。除了俄罗斯外，还外销到 30 多个国家，包括美国、叙利亚、伊朗、巴西等国。

士兵正在分配 9K38"针"式防空导弹

衍生型号

型号	特点
"针"式 –1A	出口型
"针"式 –1D	伞兵特种部队版，导弹和发射器可拆装数段
"针"式 –1E	出口型
"针"式 –1M	1980 年于苏联服役
"针"式 –1N	重弹头型
"针"式 –1S	被大幅改良射程、更敏锐追踪器，更多感应器，可以抗衡一些反制措施，弹头也被加大
"针"式 –1V	空射型，装备于直升机

"针"式 -1S 导弹

10 秒速识

9K38 "针"式弹头头部装有整流锥，前舱内装有双通道被动红外导引头。

展览中的 9K38 "针" 式防空导弹

俄罗斯 9M120 "冲锋" 反坦克导弹

9M120 "冲锋" 是俄罗斯科洛姆纳机械设计局研制的一款便携式反坦克导弹。

研发历史

20 世纪 80 年代中期，科洛姆纳机械设计局开始了 9M120 导弹的设计工作。1991 年，新型导弹首次在阿联酋迪拜航展上露面，挂载在苏 –25 对地攻击机两侧的机翼中部挂架上。9M120 "冲锋" 是俄罗斯国防部火箭炮兵装备总局的代号，北约代号为 AT–9 "螺旋 –2"。

基本参数	
长度	1.83 米
直径	0.13 米
弹头重量	7.4 千克
重量	49.5 千克
速度	1.6 马赫
有效射程	400 ～ 6000 米

安装在 BMT 战车两侧的 9M120 "冲锋" 反坦克导弹

弹体构造

9M120"冲锋"导弹具有无线电制导装置,而且也是乘波制导瞄准线半自动指令制导的导弹。这种导弹的主要衍生型号的设计目标是用以击破装备复合装甲和爆炸反应装甲的坦克。尽管是由不同公司研发的不同武器系统,但"冲锋"系统经常与9K121"旋风"系统相互混淆。

性能解析

9M120"冲锋"导弹可进行电子对抗,与9K121"旋风"导弹相比,具有更高的命中精度和更远的射程。新开发的弹头可以提高对爆炸反应装甲的穿透力和有效性。

展览中的9M120"冲锋"反坦克导弹

9M120"冲锋"反坦克导弹安装在米-28直升机上

服役记录

1985 年，第一批 9M120"冲锋"反坦克导弹交付苏联武装部队。目前，俄罗斯的武装直升机及反坦克导弹发射车辆都可以作为 9M120"冲锋"反坦克导弹的载具。

衍生型号

型 号	特 点
9M120F	装有温压弹头，在命中的同时可在周围空气中散布容易起火的气体，对建筑物、无装甲目标和地堡产生更大的杀伤效果。
9M120O	装有延伸连杆型弹头用以反直升机。装备有延伸连杆近炸引信，并在与目标不到 4 米的距离时，引爆其破片式弹头，用以击破航空器。
9M120M	经改进的弹头可击破爆炸反应装甲及贯穿 950 毫米的轧压均质装甲。
9M120D	改进型号，射程增加到 10000 米。

9M120"冲锋"反坦克导弹侧方特写

10 秒速识

　　9M120"冲锋"导弹的弹翼可以折叠，发射后才能展开。导弹存放在一根玻璃纤维增强塑料管当中，而该管也具有发射器的作用。

技术人员为米 -35 直升机安装 9M120"冲锋"反坦克导弹

俄罗斯 9M131 "混血儿" M 反坦克导弹

9M131 "混血儿" M 导弹是俄罗斯研制的便携式反坦克导弹，北约命名为 AT–13 "萨克斯" 2。

研发历史

1979 年，苏联研制出 "混血儿" 1 反坦克导弹系统（使用 9M115 导弹），用来强化基层部队的反坦克能力，其北约代号为 AT–7 "萨克斯"。1990 年，又推出了 "混血儿" 2 反坦克导弹，改用体积较大的 9M131 型导弹，增加了有效射程。1992 年，图拉仪器设计局又在 "混血儿" 2 的基础上研发出适于城市作战的 "混血儿" M 导弹，1996 年又根据车臣城市战的经验教训对它进行了再改进。

基本参数	
长度	0.98 米
直径	0.13 米
弹头重量	4.95 千克
重量	13.8 千克
速度	0.59 马赫
有效射程	2 千米

展览中的 9M131 "混血儿" M 导弹

弹体构造

9M131 "混血儿" M 反坦克导弹发射架装备有性能较先进的观瞄系统和电子控制设备。该导弹采用半自动指令瞄准线制导装置，作战反应时间为 8 ~ 10 秒。

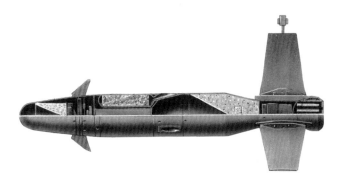

9M131 "混血儿" M 导弹示意图

性能解析

9M131 "混血儿" M 导弹是一种体积小、重量轻的便携式多用途武器，可由 3 人小组携带。"混血儿" M 导弹便于在城市作战中快速运动携带，攻击装甲目标击毁率高，具有多用途等特点，而且成本低，利于大量生产装备。其攻击力来自两种战斗部。一种是对付爆炸式反应装甲的改进型 9M131 导弹，在清除反应装甲后还能穿透 800 ~ 1000 毫米厚的主装甲。另一种是用于对付掩体及有生力量的空气炸弹，采用燃料空气炸药战斗部，可攻击掩体目标、轻型装甲目标和有生力量。

发射中的 9M131 "混血儿" M 导弹

衍生型号

型 号	特 点
9M131	基本型号
9M131F	改进型号，弹头重量增加到 4.95 千克
9M131M	改进型号，配用串联聚能破甲战斗部
9M131FM	改进型号，配用燃料空气炸药战斗部

9M131F 导弹

10 秒速识

9M131"混血儿"M 反坦克导弹系统由发射装置和筒装导弹构成。

9M131 "混血儿"M 反坦克导弹系统

俄罗斯 9M133 "短号" 反坦克导弹

9M133 "短号" 反坦克导弹是俄罗斯图拉仪器设计制造局研制的便携式反坦克导弹，北约命名其为 AT–14 "夺宝妖精"。

▮▮▶ 研发历史

20 世纪 80 年代后期，9M133 "短号" 反坦克导弹由图拉仪器设计制造局研制，1994 年 10 月首次亮相，用于取代有线制导的第二代 AT–5 "竞赛" 式反坦克导弹。北约称之为 AT–14，属于第三代重型反坦克导弹系统。

基本参数	
长度	1.2 米
直径	0.152 米
翼展	0.46 米
弹头重量	4.6 千克
重量	27 千克
有效射程	5.5 千米

士兵正在指导使用 9M133 "短号" 导弹

弹体构造

9M133"短号"反坦克导弹的动力装置由 1 台起飞发动机和 1 台续航发动机组成。当起飞发动机把筒装导弹推出发射筒后，续航发动机便开始工作。为了攻击不同的目标，"短号"反坦克导弹装备了两种战斗部，即 9M133-1反坦克战斗部和 9M133F-1 多用途战斗部。

9M133"短号"反坦克导弹示意图

性能解析

9M133"短号"反坦克导弹既能攻击坦克也能攻击慢速低飞的直升机。因为制造成本较高，目前只装备于特定单位及部队。

▌▌▌▌▌⯈ 衍生型号

型 号	特 点
9M133-1	采用串联战斗部
9M133F-1	采用温压战斗部

▌▌▌▌▌⯈ 10 秒速识

　　9M133 "短号" 反坦克导弹采用鸭式布局，前面有两片可以折叠的鸭式舵，弹体为圆柱形，尾部有 4 片折叠式梯形稳定翼。它的外形就像小型的 AT-7 "混血儿" 导弹。

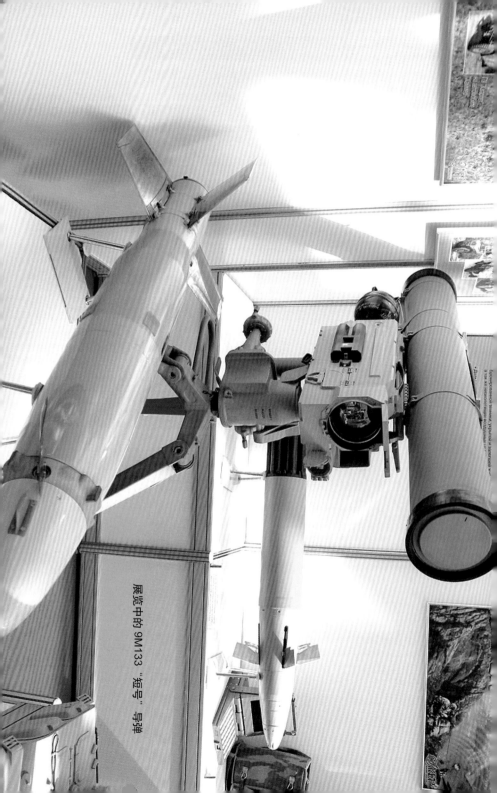

展览中的 9M133 "短号" 导弹

俄罗斯 9K116 "指节套环" 反坦克导弹

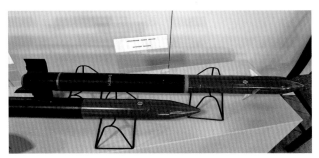

9K116 "指节套环" 是由俄罗斯 KBP 仪器设计局研制的便携式反坦克导弹。

研发历史

20 世纪 70 年代后期，KBP 仪器设计厂开始了研究第三代制导导弹的研发工作。导弹系统在伊戈尔·阿里斯塔科夫的领导下进行研发，而导弹本身与激光制导装置则是由切赫·科莫诺夫的团队所研发。导弹本身被

基本参数	
长度	1.05 米
直径	0.1 米
弹头重量	4.5 千克
重量	25 千克
速度	1.09 马赫
有效射程	3000 米

称为 9M117 "堡垒"，而整个武器系统就被命名为 9K116 "指节套环"。"9K116" 是苏联国防部火箭炮兵装备总局（GRAU）的代号，北约代号则为 AT-10 "圆锥"。

弹体构造

9K116 "指节套环" 采用了激光制导系统，发射导弹的坦克 / 车辆 / 火炮可借由 1K13 激光引导装置投射出分成扇区的锥状激光，而每个扇区都具有不同的频率。利用这种激光频率，导弹会操纵自身，并且保持它在锥状激光当中的位置。激光驾束式制导系统的结构较无线电指令制导系统更为紧凑，而且比半主动激光制导更为便宜和简单，且难以受到无线电或光学手段所干扰。但另一方面，激光制导系统必须始终借由激光瞄准器追踪目标，而且系统无法在移动中可靠地使用。

9K116 "指节套环" 反坦克导弹剖面模型

涂装后的 9K116 "指节套环" 反坦克导弹

性能解析

9K116 "指节套环" 导弹有 3 种发射方式: 主要模式, 激光束与瞄准线重合, 同时将坦克炮稍微抬高以减少导弹发射时所产生的尘埃量, 导弹系统采用了瞄准线半自动指令引导原理, 导弹会飞上至瞄准线的上方, 并且在经过数百米以后变为激光束制导模式; 弹道模式, 将激光束与坦克炮都稍微抬高, 然后导弹就在炮手的瞄准线上方 3 米发射、地面上方约 5 米处飞行。当与导弹的距离少于 500 米时, 会降低激光束并且与瞄准线重合。

在此模式下，目标不会在整个攻击过程中很突出地显示出来，因此能够从打击当中逃脱的可能性较小。而且可减少导弹飞行时所卷起的尘埃，并且减少了导弹制导系统失去对导弹的控制的概率；紧急模式，该模式仅适用于目标在 1000 米的范围内突然出现，而且导弹已经装填上膛的情况。坦克炮的激光束和炮管于瞄准轴上平行。在这种模式下，命中概率较低，而且击中地面的风险更大。

服役记录

1981 年，9K116 "指节套环" 导弹正式投入苏军服役。1987 年，研发团队研发了 9K116-3 导弹系统，并且配用在 BMP-3 步兵战车的 100 毫米线膛炮上。

10 秒速识

9K116 "指节套环" 导弹类似普通的 100 毫米反坦克弹药，并且以相同的方式装填及发射。

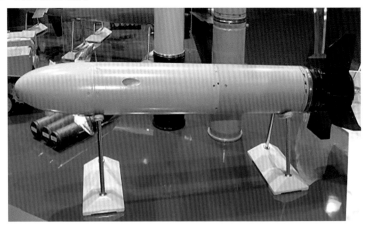

导弹侧方特写

俄罗斯 9K333 "柳树" 便携式防空导弹

9K333 "柳树" 是俄罗斯 KBP 仪器设计局研制的第四代便携式防空导弹。

研发历史

9K333 "柳树" 最初是作为 9K38 "针" 式导弹的替代品而研发的。2011 年,9K333 "柳树" 进行了第一次测试。2014 年,第一批 9K333 "柳树" 交付给俄罗斯武装部队。"9K333" 是俄罗斯国防部火箭炮兵装备总局(GRAU)的代号,北约代号为 "SA-25"。

基本参数	
长度	1.64 米
直径	0.072 米
弹头重量	1.5 千克
重量	17.25 千克
速度	1.18 马赫
有效射程	6000 米

弹体构造

9K333 "柳树" 的特点是采用三波段导引头,可在近中红外和紫外线范围内进行目标搜索,这种特殊的自动导引头具有更高的灵敏度,还能区分空中的真假目标。该导弹的瞄准系统中包括了 "发射后不管",导弹发射后会自行追踪目标,射手不必继续瞄准目标,发射后的发射平台与导弹之间已无任何关联。该瞄准系统具有整合的自动化控制系统,通过这种方式与两台雷达交换地面和空中预警信息,追踪导弹攻击范围之外的空中目标。

展览中的9K333"柳树"防空导弹

士兵正在操作9K333"柳树"防空导弹

性能解析

　　9K333"柳树"不仅能攻击直升机和战斗机等传统目标，还能对巡航导弹和无人机进行攻击，能弥补其他防空武器的不足。该导弹还能在环境恶劣的北极地区持续工作，而且维护方便。

服役记录

　　自 2014 年以来，俄罗斯几支地面部队和空中编队都装备了 9K333 "柳树" 防空导弹，在通过军队测试之后，首先装备俄罗斯空降军伊凡诺沃部队。2015 年，9K333 "柳树" 正式投入俄军服役。

10 秒速识

　　9K333 "柳树" 导弹尾部装有固体燃料火箭发动机。导弹一般装填在密封的玻璃纤维运输和发射管内。连接在发射管以下的是具有集成电子元件的 9P521 握把，热电池和带光学瞄准镜的瞄准装置。

9K333 "柳树" 防空导弹侧方特写

英国"星光"防空导弹

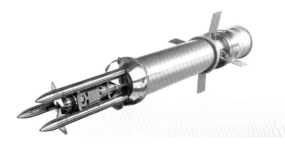

"星光"是英国研制的便携式防空导弹，是世界上最快的短程防空导弹。

研发历史

"星光"导弹最初被设计为一种单兵便携式快速反应防空导弹系统,用以替代"吹管"和"标枪"导弹。1986 年正式实施其研制计划，1988 年首次试验成功，随后继续进行改进设计，到 1993 年年底，共生产了 422 枚,研制及生产的总费用 2.7 亿英镑。"星光"是 20 世纪 90 年代同类导弹中最先进的导弹之一，之后又发展出三脚架型、轻便车载型、装甲车载型以及舰载型等型号。

基本参数	
长度	1.397 米
直径	0.13 米
弹头重量	0.9 千克
重量	14 千克
速度	4 马赫
有效射程	7 千米

英国士兵在测试"星光"防空导弹

弹体构造

　　"星光"导弹的控制与制导装置使用的是半主动视线指挥系统，采用二级固体火箭发动机，内装高能助推剂，可在瞬间使导弹达到最大速度。发动机具有一个安全系统，使导弹离开发射器达到安全距离后发动机再开始点火。当主火箭发动机工作完毕，3个"标枪"弹头便会自动分离并开始寻找目标。"星光"导弹的瞄准装置包含两个激光二极管，一个垂直扫描和一个水平扫描装置，构成一个二维矩阵。"星光"导弹的3枚杀伤弹头在这个矩阵中飞行，可利用可控尾翼沿轴线调整其位置以提高命中概率，目标跟踪和导弹制导均由光电或毫米波雷达跟踪器完成。

"星光"导弹示意图

性能解析

　　"星光"导弹具有速度快、反应时间短、发射方式多样、单发杀伤概率高等特点，已成为国外近程防空导弹市场上的有力竞争者。其最大特点在于采用了新型的3弹头设计，3枚弹头增加了杀伤区域范围，增高了至少一枚击中目标的概率，高速导弹降低了其他潜在对抗措施的效能时间。

发射中的"星光"导弹

服役记录

2012 年，英国国防部宣布在伦敦公寓小区楼顶部署星光防空导弹以保卫伦敦奥运会。截至 2017 年，"星光"防空导弹尚未参与实战。

伦敦奥运会上的"星光"导弹

10 秒速识

"星光"防空导弹弹体为圆柱体，弹体后部有"十"字配置的矩形尾翼。导弹前端为 3 个"标枪"弹头。呈正三角形分布，弹头为鸭式布局。

英国 / 瑞典 MBT LAW 反坦克导弹

MBT LAW 反坦克导弹的正式名称为"主战坦克及轻型反坦克武器"（Main Battle Tank and Light Anti-tank Weapon，MBT LAW），是瑞典和英国联合研制的短程反坦克导弹。

研发历史

21 世纪初，瑞典萨博·博福斯动力公司和英国泰利斯防空公司开始联合研发 MBT LAW 反坦克导弹。MBT LAW 反坦克导弹选用了"比尔"2 反坦克导弹的双高爆反坦克

基本参数	
长度	1.016 米
直径	0.15 米
翼展	0.2 米
重量	12.5 千克
速度	0.7 马赫
有效射程	1 千米

战斗部和 AT-4 反坦克火箭筒发射系统，并将发射方式设计为肩射式，属于一次性使用的武器，发射 1 次以后需要将其抛弃。

士兵使用 MBT LAW 反坦克导弹进行作战训练

弹体构造

预测瞄准线技术是 MBT LAW 反坦克导弹的核心技术，该技术的实质是预测目标在下一时间点的位置。发射前，导弹制导系统的电子设备会记录使用者的瞄准过程、计算和预测瞄准线。射手不必考虑坐标的距离和角速度，就可发射导弹。发射后由弹载电子计算机控制其飞行，不管距离目标多远，导弹在弹道上的位置都能保证导弹与目标相遇。正是采用了这项技术，才使 MBT LAW 反坦克导弹实现发射后不管，成为威力很大的第三代反坦克导弹。

MBT LAW 导弹示意图

性能解析

MBT LAW 是一种软发射反坦克导弹系统，城镇战中步兵可以在 1 个封闭的空间之内使用。MBT LAW 反坦克有攻顶和直接攻击两种方式，射手可通过 1 个开关选择攻击方式。在攻顶模式下，导弹可轻易地贯穿最先进的主战坦克的顶部防护以摧毁目标。而直接攻击时，导弹直接与装甲目标碰撞后引爆以摧毁目标。

便携式 MBT LAW 反坦克导弹

服役记录

2009 年 MBT LAW 反坦克导弹开始装备英国陆军，命名为"次世代轻型反坦克武器"（NLAW），在瑞典国防军服役的 MBT LAW 被命名为 Robot 57。

装备 MBT LAW 反坦克导弹的英国士兵

10 秒速识

MBT LAW 反坦克导弹采用锥形装药方式，弹头为上空飞行攻顶 / 直接模式混合，发射方式为肩射。

MBT LAW 反坦克导弹侧方特写

瑞典 RBS 70 防空导弹

RBS 70 导弹是瑞典陆军研制的用以对付高速飞机及直升机的便携式防空导弹。

研发历史

20 世纪 60 年代初，瑞典军队提出了新型便携式防空导弹的要求，瑞典博福斯公司于 1969 年开始研制这种便携式防空导弹。在参考美国 FIM-92 "毒刺" 便携式防空导弹后，

基本参数	
长度	1.32 米
直径	0.106 米
翼展	0.32 米
重量	87 千克
速度	2 马赫
有效射程	8 千米

该公司于 1976 年成功推出了新型便携式防空导弹的原型，在 1977 年通过军方测试后，定型为 RBS 70 便携式防空导弹，是世界上第一种配备激光制导设备的便携式防空导弹系统。

发射中的 RBS 70 防空导弹

▌▌▌▷ ★ 弹体构造

　　RBS 70 防空导弹系统由筒装导弹和三脚架式发射装置组成，采用正常式气动布局，装有两级固体火箭发动机和激光波束接收机及小型计算机、破片杀伤式战斗部，采用激光驾束制导方式。发射时，导弹从弹箱内以 50 米/秒的速度抛射，之后主固体燃料火箭发动机开始启动，在 6 秒之内使导弹加速到超音速。操纵员锁定目标，使其保持在稳定瞄准仪视野之内。通过激光非接触引信或撞击引信引爆，使用聚合子母弹药摧毁目标。

RBS 70 防空导弹示意图

性能解析

RBS 70 防空导弹的主要特点是远程拦截来袭目标，具有较高的命中精度和杀伤概率，稳定性强，可高效对抗各种人工和自然干扰。能攻击低飞到地面的目标，还可在夜间使用，具备较强的改进潜力。

澳大利亚士兵正在操作 RBS 70 导弹

服役记录

1987 年 1 ～ 2 月，装配在"陆虎"越野车上的 RBS 70 自行防空导弹系统出现在战场上，以较高的机动性能为基础，在伊拉克战机的飞行路线上组织伏击。在两伊战争期间，伊拉克共有 40 架左右的战机被伊朗防空系统击落，其中大部分由 RBS 70 击落。目前，澳大利亚、阿根廷、巴林、委内瑞拉、印度尼西亚、伊朗等国都装备有 RBS 70 防空导弹。

士兵小组正在测试 RBS 70 导弹

衍生型号

型号	特点
RBS 70（Mark 0）	第一个量产版本
RBS 70（Mark 1）	第二个量产版本
RBS 70（Mark 2）	第三个量产版本
RBS 90	具有遥控的双重或三重发射器
RBS 70（BOLIDE）	为打击巡航导弹和无人航空载具而研制
RBS 70NG	具有齐全的夜战配备

RBS 70（Mark 2）导弹

10 秒速识

　　RBS 70 防空导弹采用标准空气动力学布局，战斗部在头部隔舱内，激光辐射接收器在尾部隔舱内，喷口设在导弹的上腹部。其所有部件都装配在三脚架上。三脚架上部有装配制导装置、导弹运输发射箱专用的固定节点，下部有射手操纵员座椅。

RBS 70 导弹前方特写

法国"西北风"防空导弹

"西北风"防空导弹是法国马特拉公司研制和生产的一款被动红外线导引便携式防空导弹。

研发历史

基本参数	
长度	1.86 米
直径	0.09 米
弹头重量	2.95 千克
重量	18.7 千克
速度	2.6 马赫
有效射程	6 千米

20 世纪 80 年代，法国军方要求马特拉公司研制一款便携式防空导弹。之后，马特拉公司参考了美国 FIM-92 "毒刺"便携式防空导弹的设计，同时融合自身的技术，进行了一系列创新，最终推出了"西北风"便携式防空导弹。法国研制便携式防空导弹的起步时间虽然较晚，但却博采了各国导弹的长处，研制出具有自身特点的高性能便携式防空导弹系统。

法国士兵正在使用"西北风"导弹

弹体构造

　　"西北风"防空导弹弹体本身以两级固体装药火箭发动机为动力，采用被动红外线导引头。基本型"西北风"导弹将发射管与锁定瞄准装置都装设在其以三脚架为主体的便携式发射装置上，组成发射站以方便使用。发射时，使用者坐在三脚架的座椅上进行瞄准与射击。这种方式的优点是可以减少长时间警戒时士兵的负担，也可以较简单地装设夜间瞄准装置。在发射器上时，导弹最多在 2 秒内就可使陀螺仪运转起来，而且 5 秒完成发射准备。

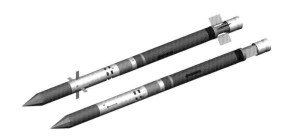

"西北风"导弹示意图

性能解析

　　"西北风"防空导弹可在发射前截获 6 千米距离上的战斗机和 4 千米距离上的直升机，具有全向攻击能力。战斗部威力巨大，可在 50 厘米距离上击穿 6 毫米厚的钢板，有较强的杀伤力。

安装在战车上的"西北风"导弹

服役记录

　　1999 年 3 月 23 日，在第二次刚果战争期间，卢旺达部队所使用的"西北风"导弹曾击落了津巴布韦空军的 BAE 鹰式教练机战斗机。除了法国军方的大量订单以外，"西北风"导弹现在已经在 25 个国家的 37 支军队部署，包括奥地利、比利时、巴西、智利、哥伦比亚等国的军队。

发射中的"西北风"导弹

10 秒速识

　　"西北风"防空导弹弹头特征明显，为八棱锥头罩结构，其他导弹均采用卵形或者半球形弹头。发射筒前端下方有圆柱形冷却瓶。通常采用简易三脚支架发射，三脚架开有环形减速重孔，射手可以坐姿射击。

法国士兵与"西北风"导弹

法国/德国"米兰"反坦克导弹

"米兰"导弹是法国和德国联合研制的一款轻型便携式反坦克导弹。

研发历史

1963 年，法德两国签署协议，决定联合研制两种新型反坦克导弹 —— "米兰"导弹和"霍特"导弹，"米兰"导弹主要用于陆军步兵反坦克作战以及地面车辆装载使用，基本型于 1972 年装备部队，此后研发了多种改进型。

基本参数	
长度	1.2 米
直径	0.115 米
翼展	0.26 米
重量	7.1 千克
速度	0.59 马赫
有效射程	2 千米

法国士兵与"米兰"反坦克导弹

弹体构造

　　"米兰"反坦克导弹采用目视瞄准、红外半自动跟踪、导线传输指令制导方式，作为轻型反坦克导弹由步兵使用，射程约为"霍特"导弹的一半。"米兰"反坦克导弹是有线导引，步兵要连续瞄准目标直至命中为止，其弹头采用高爆反坦克弹，可击穿650毫米厚钢装甲。

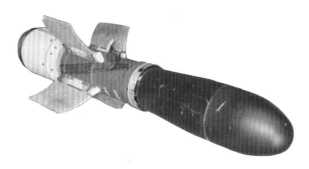

"米兰"导弹示意图

性能解析

　　"米兰"反坦克导弹是巷战的理想武器之一，不仅能对付坦克，还曾击落过直升机和巡逻艇。"米兰"导弹在非洲战场、马岛战争及海湾战争中的多次表现，都证明了它所具有的作战灵活性。

发射中的"米兰"导弹

服役记录

"米兰"反坦克导弹于 1976 年在黎巴嫩战争中投入实战，主要用于对付 T–55 和 T–72 坦克。1982 年的英阿马尔维纳斯群岛战争，英军的"米兰"导弹用来摧毁阿根廷军队的地下碉堡，法军的"米兰"导弹还曾参加了 1991 年的海湾战争。除在法国和德国生产外，"米兰"导弹还在英国、印度和意大利进行生产，已为 43 个国家生产了 33 万多枚"米兰"导弹和 1 万多套发射装置。

"米兰"导弹参与丛林作战训练

衍生型号

型号	特点
"米兰" 1	基本型
"米兰" 2	采用了经过改进的 115 毫米穿甲弹
"米兰" 2T	加装了一个 30 毫米的先行战斗部装药
"米兰" 3	提高了抗干扰能力，并能在夜间作战
"米兰" ER	射程增强型

"米兰" 2导弹

10 秒速识

"米兰" 反坦克导弹弹头采用高爆反坦克弹，有线导引。

"米兰" 反坦克导弹

欧洲 ERYX 反坦克导弹

ERYX 导弹是由法国宇航公司研制的一款便携式反坦克导弹。

研发历史

20 世纪 70 年代后期，法国国防部制定了 ERYX 的研发计划，设计要求是一款具有成本效益的反坦克武器，可在 600 米的最大射程范围以内击破任何目前已知或未来的主战坦克，并且在任何气候、包括在大风天气的气候条件下，都要具有相当的准确性。法国宇航公司最

基本参数	
长度	0.905 米
直径	0.136 米
弹头重量	3.6 千克
重量	13 千克
速度	0.65 马赫
有效射程	50 ～ 600 米

后提供的武器系统是一款迷你短距离导线制导式反坦克导弹。1982 年，第一枚原型导弹交付给法国国防部进行测试。1989 年，法国和加拿大签署了一项成立合资企业的协定，共同生产 ERYX 反坦克导弹。2007 年，MBDA 集团为研发增强型 ERYX 系统提供了资金。2009 年 10 月，该系统曾向为潜在的中东客户进行了示范。

弹体构造

ERYX 反坦克导弹由弹体、战斗部、发动机、弹翼和制导组件组成。导弹采用光学瞄准，光学跟踪装置，利用连接导弹和发射装置的导线进行有线制导。这样，在导弹发射到击中目标期间，射手必须始终用光学瞄准具瞄准目标，但

由于导弹射程较近，导弹飞行时间将较现役火箭或中程反坦克导弹大为缩短，减少了敌方还击的可能。ERYX 反坦克导弹可由前线步兵单人操作使用，但通常由两名士兵（射手和弹药手）操作。有两种发射方式：一是采用立姿或跪姿进行肩射，二是用小型三脚架支撑在地面上进行有准备的射击（卧姿发射）。

士兵正在操作 ERYX 反坦克导弹

ERYX 反坦克导弹发射瞬间

性能解析

ERYX 反坦克导弹的战斗部为两级串联式空心装药战斗部，小型战斗部直径 25 毫米，用于摧毁坦克的反应装甲；主战斗部直径 135 毫米，用于攻击坦克的主装甲，可击穿 900 毫米厚的轧制均质钢装甲板，现有的各种主战坦克的装甲都可被其击穿。ERYX 反坦克导弹采用了软发射模式，在发射时点燃抛射装药将导弹低速射出，以减少后坐力和防止火药气体后喷，在导弹飞离发射筒一定距离后再点燃主发动机使导弹进入常规飞行状态，在战时士兵可借助此项功能隐蔽在建筑物或工事内攻击敌方坦克。

ERYX 反坦克导弹正面特写

ERYX 反坦克导弹后侧方特写

服役记录

　　1994 年到 2008 年间，ERYX 反坦克导弹仍未经历实战测试。虽然并无实战经验，但 ERYX 反坦克导弹已经在阿富汗和联合国维持和平行动当中进行过部署。加拿大军队将 ERYX 反坦克导弹部署到阿富汗过，但除了米拉贝尔热成像仪以外，ERYX 反坦克导弹从未用于实际行动。2010 年，法国军队在阿富汗作战的视频证明。2013 年初，法国军队在马里开展行动时使用了 ERYX 反坦克导弹。

10 秒速识

　　ERYX 反坦克导弹后部有信标作为光源，以特殊的编码速率发出闪烁光。尾部装有火箭发动机，侧面有着两个喷气口。

士兵以卧姿操作 ERYX 反坦克导弹

以色列"长钉"反坦克导弹

"长钉"反坦克导弹是以色列研制的一种可以装备无人机的超小型导弹。

研发历史

以色列在 20 世纪 80 年代制订了一项庞大的反坦克导弹发展计划，20 世纪 90 年代末，拉斐尔公司推出了"长钉"系列反坦克导弹，1999 年"长钉"导弹的原型正式通过防务展公布。2002 年，为了加强在国际市场上的竞争力，拉斐尔公司宣布将原来的 NT 家族更名为"长钉"家族。其家族包括短程型的"长钉"–SR、中程型的"长钉"–MR 和远程型"长钉"–LR，以及增程型"长钉"–ER，2009 年还公布了新型非瞄准线型"长钉"– NLOS。

基本参数	
长度	1.67 米
直径	0.17 米
翼展	0.3 米
重量	34 千克
速度	0.52 马赫
有效射程	25 千米

以色列士兵正在使用"长钉"导弹

弹体构造

　　"长钉"导弹的基本结构从前到后分别为导引头、前战斗部、飞行姿态控制发动机、电池组、主战斗部和主发动机。发射装置由命令发射单元、热成像仪和三脚架组成。导弹密封在1个一次性发射筒内，使用时安装在发射装置上，发射时，通过1个10倍率的昼间视域和5°视域的热成像瞄准器（最大探测距离3000米）视域，获得目标并利用十字形瞄准点瞄准。发射后，翼片在空中沿高抛物线轨迹运行，接近目标时受驱动向下采用"攻顶"方式攻击目标。

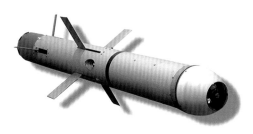

"长钉"导弹示意图

性能解析

　　"长钉"反坦克导弹是一种轻型、廉价、自动寻的武器系统，反应迅速、使用便捷，能在小于30秒的时间内发射。"长钉"导弹具有很强的灵活性，在导弹飞行过程中，移动控制站的操作人员可以改变目标或者放弃攻击。由于这种导弹价格低廉，非常适合在前沿部队中大量部署，以应对低价值目标。

发射中的"长钉"导弹

服役记录

　　"长钉"导弹系统虽然主要服役于以色列国防军，但北约的多个成员国以及新加坡、印度、智利和哥伦比亚等国也有装备。此外，最新型的"长钉"–NLOS 非直瞄发射系统也开始进入以色列国防军服役。

以色列士兵正在发射"长钉"导弹

衍生型号

型 号	特 点
"长钉"–SR	短射程型
"长钉"–MR	中射程型
"长钉"–LR	长射程型
"长钉"–ER	超长射程型
"长钉"–NLOS	非瞄准线型

"长钉"-NLOS 导弹

▌▌▌▌▷ 10 秒速识

　　"长钉"反坦克导弹采用两组矩形弹翼，弹尾为固定式弹翼，弹体中部的弹翼平时呈折叠状态，体积较小。

"长钉"反坦克导弹

以色列"拉哈特"反坦克导弹

"拉哈特"导弹是以色列研发的一款激光制导反坦克导弹。

研发历史

"拉哈特"最早是以色列航空工业公司附属的主战坦克分公司于1992年为坦克研发的一种炮射导弹，其目的是增强坦克在攻击装甲目标时的威力。1998年10月在美国陆军协会举办的武器装备展上首次向外界公开展出。"拉哈特"导弹研制完成后，即在以

基本参数	
长度	0.975 米
直径	0.105 米
弹头重量	4.5 千克
重量	13 千克
速度	0.88 马赫
有效射程	6000～8000 米

色列国防军的"梅卡瓦"坦克上进行了从105毫米和120毫米坦克炮中发射的试验。以色列航空工业公司还在印度进行了一系列试射，该导弹计划使用在印度的新型"阿琼"坦克上。以色列航空工业公司与德国莱茵金属公司合作，将该导弹作为"豹"1和"豹"2系列坦克升级的一部分。

弹体构造

"拉哈特"导弹采用半主动激光寻的制导技术，可以从隐蔽处发射，能摧毁8千米内的重型装甲目标，攻击距离要大于一般的坦克弹药，且精度很高。"拉哈特"配有固体火箭发动机，火箭发动机在炮膛内点火，导弹在炮管内逐渐加速，当导弹飞离炮管后，尾部的4片尾翼展开以稳定飞行。这一工作方式降低了发射载荷和发射特征，增加了发射平台的生存能力和隐蔽性。

展览中的"拉哈特"反坦克导弹

装备在米-8直升机上的"拉哈特"反坦克导弹

性能解析

　　"拉哈特"导弹可以攻击任何被标识的目标，标识工作可以由坦克自身或间接的指示来完成。为了能有效地摧毁坦克（攻顶）和直升机（直接攻击），导弹可以采用或高或低的飞行剖面，还可根据射程和天气条件制定不同的弹道，它具备了俯冲攻击坦克顶装甲的能力。由于"拉哈特"导弹只在飞行的末段才需要目标指示，因此为了最好地保护自己，坦克可以在隐蔽的位置发射导弹，也可以使用遥控指示装置。由于采用了性能先进的高爆战斗部，"拉哈特"可以摧毁几乎所有的现代装甲，穿甲能力达 800毫米。为了适应未来的需要，"拉哈特"在设计中留出了升级的空间，因此它也可以使用其他战斗部。

"拉哈特"反坦克导弹侧方特写

▶ 服役记录

"拉哈特"导弹目前主要装备在以色列"梅卡瓦"主战坦克上，其他使用"拉哈特"导弹的国家还有印度、克罗地亚、德国等。

装备在战车上的"拉哈特"反坦克导弹

10 秒速识

　　"拉哈特"导弹在储存与填装时就如同 1 枚普通的炮弹，尾部有 4 片弹翼，发射后展开。

发射中的"拉哈特"导弹

日本 01 式轻型反坦克导弹

01 式导弹是由日本川崎重工研制的一款便携式反坦克导弹。

研发历史

01 式导弹的研制目的是为取代日本陆上自卫队用于反坦克战的 84 毫米卡尔·古斯塔夫 M2 无后坐力炮，它在陆上自卫队开发过程当中的编号为 XATM-5。开发完成后很快就移除 "X" 字，改称为 ATM-5。1996 年，该导弹进行了实弹测试。2001 年，经历了 11 年的发展，该导弹最终制式化，并且投入日本陆上自卫队使用，命名为 01 式轻型反坦克导弹。

基本参数	
长度	0.97 米
直径	0.14 米
弹头重量	11.4 千克
重量	17.5 千克
速度	0.19 马赫
有效射程	4000 米

弹体构造

01 式轻型反坦克导弹系统是由一枚红外线制导式导弹、收纳导弹的发射器，以及由日本电气公司所生产的观察及目标寻获装置（具备夜间瞄准功能）所组成。整合了瞄准装置的发射机构可轻易地从内藏导弹的发射器上拆卸下来。导弹采用了红外线成像制导，具备捕获坦克等装甲目标在内的军用载具所发出的红外辐射并且用作制导对象的功能。

日本士兵使用 01 式导弹进行军事演练

性能解析

01 式轻型反坦克导弹配有空心装药破甲弹、温压弹、穿墙排障弹等多种战斗部，破甲能力为 700 毫米厚的均质钢装甲。因装有串列空心装药，也能对抗爆炸反应装甲。该导弹具备软发射能力，即导弹在离开了发射器以后才能点燃其发动机，可让导弹从狭窄的空间中发射出去，而这正是城市作战当中所必需的。另一个好处是不会出现大规模的发射特征，不易将射手的位置暴露于敌军的反击火力风险下。不足的是，由于需要借由热感应以激活系统，因而导弹难以快速确认目标射击；加上其应用非常有限，难以打击除车辆之外的其他阵地目标。

01 式导弹发射瞬间

服役记录

截至 2010 年，日本陆上自卫队累计采购 1073 枚 01 式轻型反坦克导弹。2014 年，据日本杂志报道，日本陆上自卫队纷纷普及能够 "打了就跑" 的轻型导弹，其中数量最多的莫过于 01 式反坦克导弹。

在军用装甲车上发射的 01 式导弹

▌▌▌▶★ 10 秒速识

　　01 式导弹弹体为圆柱形，头部为椭圆形。弹体后部有 X 形布置的 4 片矩形弹翼，尾部有十字形布置的 4 片较小的梯形尾翼。

装备日本陆上自卫队的 01 式导弹

日本 87 式反坦克导弹

87 式导弹是日本于 20 世纪 80 年代研制的一款便携式反坦克导弹。

研发历史

20 世纪 80 年代后期，日本防卫厅技术研究部研制出一种半主动激光制导反坦克导弹，1982 年，川崎重工开始进行导弹试验。直至 1985 年，已经可交付完整的原型导弹系统。新型导弹原本想冠以"超级马特"之称，但又担心姿态过高会为国际社会所诟病，因此称之为 87 式反坦克导弹（ATM-3）。

基本参数	
长度	1 米
直径	0.12 米
弹头重量	3 千克
重量	12 千克
速度	0.73 马赫
有效射程	2000 米

弹体构造

87 式反坦克导弹系统的配置包括由日本电气公司所研发的激光指示器以及夜视装置和装入发射管里的导弹。指示器和发射器可以安装在不同的三脚架上，相互分离最多 200 米，借以达到远端控制的目的，并提高操作员的安全性。该导弹属于日本第三代反坦克导弹，采用半主动激光制导方式，在导弹发射后需要不断地用激光照射目标，飞行中的导弹可以接收目标反射的激光束，自动跟踪直至命中目标。

性能解析

87式导弹具有小巧轻便的特点，因此除了架设在三脚架上，还能以肩扛方式发射。该导弹既可攻击地面坦克装甲车辆，也可在反登陆作战中攻击小型登陆舰艇，起到海岸炮的作用。该导弹在发射过程中很容易暴露自身，也不具备发射后不管的能力。

服役记录

1989年，第一批87式导弹投入陆上自卫队服役。其导弹系统包括1具发射器、1台安装在重型三脚架以上的激光指示器和夜间使用的夜视装置。2006年，日本已经停止了对该导弹的采购。

日本士兵正在操作87式导弹

87 式反坦克导弹发射瞬间

10 秒速识

87 式反坦克导弹系统架设于三脚架组件上，导弹发射器和激光指示器（以及夜视装置）都位于其上。

87 式"中马特"导弹发射装置特写

日本 91 式便携式防空导弹

91 式防空导弹是日本东芝公司研制的一款便携式防空导弹。

研发历史

20 世纪 80 年代，日本自卫队使用的便携式地对空导弹主要是美国制造的 FIM-92 "毒刺" 导弹。进入 90 年代之后，为了取代 FIM-92 系列导弹，日本东芝公司以其为基础，推出了 91 式便携式地对空导弹。91 式发展项目于 1990 年完成，并且于 1991 年开始了低速生产。

基本参数	
长度	1.43 米
直径	0.08 米
重量	11.5 千克
速度	1.9 马赫
有效射程	5 千米

日本自卫队员正在操作 91 式防空导弹

弹体构造

91 式防空导弹的整套系统包括导弹发射装置、外置电池盒、敌我识别系统、导弹本体和其他设备，部分部件可与美国 FIM-92 "毒刺" 导弹互用。导弹推进剂使用固体燃料，发射筒在发射后多热变形，无法重复使用。

日本 91 式便携式防空导弹

性能解析

91 式防空导弹具有全向攻击能力，抗干扰能力也比较强。日本自卫队宣称，91 式防空导弹比美国 "毒刺" 导弹的精度更高。

91 式导弹发射小组

服役记录

2007 年 91 式导弹作为自卫用防空装备列装于航空自卫队的基地防空部队。除了作为便携式防空导弹系统所使用外，还被作为 OH-1 直升机的主要防空武器系统所使用。

发射中的 91 式导弹

▌▌▌▌▷ **10 秒速识**

　　91 式导弹的外观类似于 FIM-92 "毒刺" 防空导弹，而其具有更好的制导系统，其中包括可见光和红外线诱导的系统选项。

91 式导弹导引头特写

手枪与冲锋枪
鉴赏指南（珍藏版）
【第2版】

步枪与机枪
鉴赏指南（珍藏版）
【第2版】

海军陆战队武器
鉴赏指南（珍藏版）
【第2版】

作战飞机
鉴赏指南（珍藏版）

全球火炮
鉴赏指南（珍藏版）
【第2版】

全球导弹
鉴赏（珍藏版）

世界徽章
鉴赏指南（珍藏版）
【第2版】

世界军服
鉴赏指南（珍藏版）

军用辅助舰艇
鉴赏指南（珍藏版）
【第2版】

军用辅助飞机
鉴赏指南（珍藏版）
【第2版】

主战舰艇
鉴赏指南（珍藏版）
【第2版】

航空母舰
鉴赏指南（珍藏版）

民用飞机
鉴赏（珍藏版）

军用车辆
鉴赏（珍藏版）

航天器
鉴赏指南（珍藏版）
【第2版】

反恐装备
鉴赏指南（珍藏版）
【第2版】

世界武器鉴赏系列

现代舰船 鉴赏指南 第3版

现代飞机 鉴赏指南 第3版

现代战机 鉴赏指南 第3版

单兵武器 鉴赏指南 第3版

特种作战装备 鉴赏指南 第3版

世界名枪 鉴赏指南 第3版

坦克与装甲车 鉴赏 第3版

二战尖端武器 鉴赏指南 第2版

世界手枪 鉴赏指南 第2版

早期经典战机 鉴赏指南 第2版

美国海军武器 鉴赏指南 第2版

空战武器 鉴赏

陆战武器 鉴赏

无人装备 鉴赏

特殊武器 鉴赏指南

海战武器 鉴赏